贵州省遵义市烟草公司科技项目：贵州烟草产业综合体数字化运行机制研究与应用
(批准资助号：遵烟计〔2022〕6号2022XM14)

经管文库·经济类
前沿·学术·经典

农业综合体数字化运行机制研究与应用
——以贵州烟草产业为例

RESEARCH AND APPLICATION ON THE
DIGITAL OPERATION MECHANISM OF
AGRICULTURAL COMPLEX: A CASE STUDY OF
GUIZHOU TOBACCO INDUSTRY

袁小波　林　超　夏吉林　胡　勇　谭　建　著

经济管理出版社
ECONOMY & MANAGEMENT PUBLISHING HOUSE

图书在版编目（CIP）数据

农业综合体数字化运行机制研究与应用：以贵州烟草产业为例/袁小波等著.—北京：经济管理出版社，2023.9

ISBN 978-7-5096-9289-9

Ⅰ.①农… Ⅱ.①袁… Ⅲ.①烟草工业—产业发展—数字化—研究—贵州 Ⅳ.①F426.89-39

中国国家版本馆CIP数据核字(2023)第183979号

组稿编辑：白　毅
责任编辑：杨国强　白　毅
责任印制：黄章平
责任校对：蔡晓臻

出版发行：经济管理出版社
　　　　　（北京市海淀区北蜂窝8号中雅大厦A座11层　100038）
网　　址：www.E-mp.com.cn
电　　话：(010) 51915602
印　　刷：唐山玺诚印务有限公司
经　　销：新华书店
开　　本：720mm×1000mm/16
印　　张：12.25
字　　数：204千字
版　　次：2023年10月第1版　2023年10月第1次印刷
书　　号：ISBN 978-7-5096-9289-9
定　　价：98.00元

·版权所有　翻印必究·
凡购本社图书，如有印装错误，由本社发行部负责调换。
联系地址：北京市海淀区北蜂窝8号中雅大厦11层
　　电话：(010) 68022974　　邮编：100038

目 录

第一章 引言 ··· 1

    第一节　研究背景 ··· 1

    第二节　研究意义 ··· 2

    第三节　研究内容 ··· 2

    第四节　技术路线 ··· 5

    第五节　创新点 ··· 5

第二章 贵州烟叶产业综合体发展现状 ····································· 6

    第一节　农业政策分析 ··· 6

    第二节　烟草行业政策分析 ·· 10

    第三节　贵州烟叶产业综合体发展现状分析 ···························· 12

    第四节　贵州烟叶产业综合体发展存在的问题 ·························· 17

    第五节　贵州烟叶产业综合体发展策略建议 ···························· 23

第三章 贵州烟叶产业综合体发展机制研究 ······························· 30

    第一节　产业综合体发展目标 ·· 30

    第二节　产业综合体发展框架 ·· 32

第三节　产业综合体发展原则 ·· 36
第四节　产业综合体协同模式 ·· 38
第五节　产业综合体发展重点 ·· 42

第四章　贵州烟叶产业综合体生产合作机制研究 ·················· 45

第一节　土地自愿流转机制（前提）····································· 46
第二节　多元产业协同机制（关键）····································· 75
第三节　产业分工协同机制（方法）····································· 77
第四节　生态优先绿色发展（生态）····································· 79
第五节　产业质量标准体系（保障）····································· 81
第六节　产业工人培育机制（基础）····································· 82
第七节　科技创新合作机制（驱动）····································· 87

第五章　贵州烟叶产业综合体供销合作机制研究 ·················· 92

第一节　供销协同机制 ·· 92
第二节　流通体系框架 ·· 103
第三节　品牌培育机制 ·· 106

第六章　贵州烟叶产业综合体信用合作机制研究 ················ 114

第一节　融资机制 ··· 114
第二节　保险机制 ··· 133
第三节　补贴机制 ··· 135
第四节　政策支持 ··· 137

第七章　贵州烟叶产业综合体利益联结机制研究 ················ 140

第一节　利益联结机制的内涵 ·· 140
第二节　利益联结机制的特殊性 ··· 144

第三节　利益联结机制基本原则 …………………………………… 146

第四节　利益联结机制总体构建 …………………………………… 147

第五节　利益联结机制具体分析 …………………………………… 148

第六节　合作组织激励机制研究 …………………………………… 158

第八章　贵州烟叶产业综合体数字化管理机制研究 …………… 164

第一节　烟叶产业综合体数字化管理意义 ………………………… 165

第二节　烟叶产业综合体数字化可行分析 ………………………… 166

第三节　烟叶产业综合体数字化建设原则 ………………………… 169

第四节　烟叶产业综合体数字化功能架构 ………………………… 170

第五节　烟叶产业综合体数字化功能目标 ………………………… 180

参考文献 …………………………………………………………………… 183

第一章 引言

第一节 研究背景

近年来，我国农业全产业链发展加快，但仍存在不少短板和薄弱环节。2021年，《农业农村部关于加快农业全产业链培育发展的指导意见》，为加快农业全产业链发展提出了重要的指导意见。农业产业综合体是农业全产业链的重要表现形式和载体，面对我国农业与农业科技发展的新形势、新任务，要以建设现代农业综合体的新思路，着力破解当前我国农业、农村、农民和农业科技发展中的诸多"瓶颈"问题。农业综合体发展迅速，不仅推动了农业经济的转型发展，也提高了农民的就业率及农民生活水平，成为经济发展新的增长点。将"互联网+"运用到产业链的各环节，稳定产业链结构，实现农业产业链的可持续发展，这需要构建农业全产业链数字化平台，从而有效实现农业综合体各主体协同合作、共同发展。从当前已有的理论研究来看，农业综合体的相关研究较少，且主要集中在概念与发展建议方面，缺乏更深入的对运行机制的研究。在实践方面，虽然自2019年以来，云南、重庆、四川、河南、湖北等地陆续开展烟草农业综合体建设项目，然而却未形成具有指导性的理论体系及数字化技术来支撑全国范围内的烟草农业综合体高质量发展。

当前，贵州烤烟种植在规划区内具有农业资源、农业发展、烟叶种植和设施匹配等方面的优势，这些优势为建设高质量烟叶产业综合体提供了重要的资源支撑。探索以"烤烟强、烟区美、烟农富"为目标建立贵州数字化烟叶产业综合体，充分发挥自然生态资源和农业生产资源优势，实现烤烟可持续发展，对多渠道、全方位助力乡村振兴具有重要的战略意义。

第二节　研究意义

为贯彻落实2021年中央一号文件精神和《国务院关于促进乡村产业振兴的指导意见》要求，以及贵州省委、省政府和国家烟草专卖局各项决策部署，加快培育发展农业全产业链，大力发展农业产业综合体，对推动乡村全面振兴和农业农村现代化具有重要的意义。当前，贵州烤烟面临规模增长困难、产业竞争加剧、烟农数量下滑较快等发展"瓶颈"，为贯彻落实乡村振兴战略，促进烤烟产业持续发展，要建设"政府引导、烟草主导、龙头带动、以烟为主、产业互补"数字化烟叶产业综合体，打造产业带动乡村发展的转型升级典范区、促进生态增值的绿色发展示范区、有利于农户增收增效的样板区，拓展产业增值增效空间，这对贵州打造一批创新能力强、产业链条全、绿色底色足、安全可控制、联农带农紧的烟草农业综合体具有重要的指导意义，也为乡村全面振兴和农业农村现代化建设提供重要的支撑。

第三节　研究内容

本书拟根据贵州烟叶产业综合体现状，构建以烟草为主、多业融合的产业综合体运作模式，从土地流转、金融信贷、新型职业农民培育三个方面研究政策支持机制，从分工协作、产业布局、供应链和利益共享四个方面研究协同推进机制，建立全产业链平台数字化管理模式。

一、贵州烟叶产业综合体发展现状

从当前农业政策、烟草政策出发分析政策可行性，通过调查研究，分析当前贵州烟叶产业综合体的发展现状，厘清存在的问题，研究现代烟叶产业综合体及其数字化的可行性及必要性。

二、贵州烟叶产业综合体运行模式研究

通过政策与现状分析，结合所处地理、社会环境，确定贵州烟叶产业综合体的总体发展目标，制定发展战略，探索贵州烟叶产业综合体运行模式及数字化策略。

三、贵州烟叶产业综合体政策支持机制研究

土地、资本、劳动是农业产业三个核心生产要素，因此，烟叶产业综合体政策支持机制研究主要从土地流转机制、金融信贷与投资机制、新型职业农民培育机制三个方面展开，具体如下：

土地流转机制研究。根据贵州农业与烟叶产业综合体特征，探索农地"三权分置"背景下贵州烟叶产业综合体土地流转机制，研究土地流转租金定价及金融服务策略，为土地集中、规模化经营提供制度保证。

金融信贷与投资机制研究。研究以烟草企业为核心的农业供应链金融模式和企业入股投资策略，探索数字化信贷与风险控制机制，为烟叶产业综合体的发展提供资金保证。

新型职业农民培育机制研究。新型职业农民是烟叶产业综合体现代化建设的重要产业工人，探索新型职业农民培育模式，研究产业工人综合素养培育路径，为烟叶产业综合体的发展提供人才保证。

四、贵州烟叶产业综合体协同推进机制研究

"多业共生，多端共享"是协同的重要目标，烟叶产业综合体协同推进机制

的研究主要从分工协同、产业协同、供应链协同和利益协同四个方面展开，具体如下：

分工协同机制。分析政府、烟草企业、合作社、农民在烟叶产业综合体中的主体作用，明晰各主体的责任与权利。

产业协同机制。以地理位置和资源禀赋作为重要的内生变量，探索以烟为主、水旱轮作的两年四熟种植模式，分析烟叶产业综合体的产业布局与种植策略，为制定产业协同机制提供科学保证。

供应链协同机制。分析贵州烟叶产业综合体供应链供、产、销关系，研究区块链赋能的烟叶产业综合体的农业全产业链协同模式，探索黔彩新零售农业品牌培育路径。

利益协同机制。为提升种植主体的积极性，探索最低收入保障利益协同模式，运用博弈论模型刻画烟叶产业综合体多主体的合作竞争关系，讨论最优利益共享方式。

五、贵州烟叶产业综合体数字化管理机制研究

根据综合体运行模式、政策支持机制、协同推进机制的研究结论，从秧苗、物资、烟叶收购、土地流转、用工服务、金融信贷、聚合支付、农货出山全产业链的角度，探索贵州烟叶产业综合体服务平台数字化模式，建立"用数据管理、用数据决策、用数据创新"的数字化管理平台，优化各利益主体间的合作方式与运作流程，促进全产业链各环节协同管理和链条横向拓展，实现各主体多元互动、功能互补、良性循环。

六、贵州烟叶产业综合体数字化应用与推广

以遵义市农业综合体建设项目为应用试点，总结产业综合体应用经验，分析其存在的问题及改进对策，制定应用推广方案，为推动贵州及全国烟叶产业综合体的发展提供借鉴，为大农业助力乡村振兴提供理论与应用依据。

第四节 技术路线

本书的技术路线如图 1-1 所示。

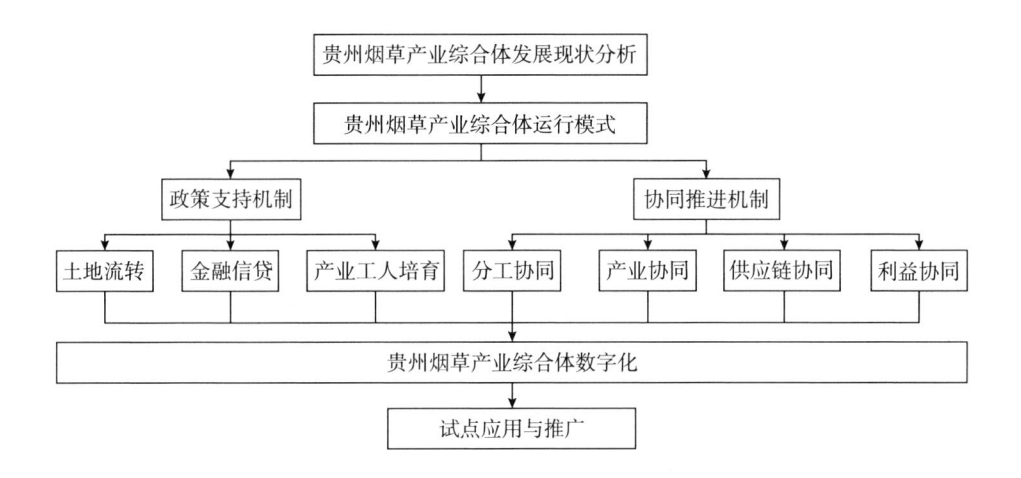

图 1-1 本书的技术路线

第五节 创新点

本书通过建立贵州烟叶产业综合体运行模式，研究政策支持机制、协同推进机制、数字化管理机制，形成支撑贵州烟叶产业综合体发展系统性的科学指导理论及实践基础。当前，烟叶产业综合体运行机制相关的研究尚未形成系统性理论成果，其数字化管理方式尚未应用到实践中，因此，贵州烟叶产业综合体运行模式、政策支持机制、协同推进机制、数字化管理机制是本书的技术关键，也是本书的创新点。

第二章　贵州烟叶产业综合体发展现状

第一节　农业政策分析

一、培育新型农业产业综合体，注入乡村振兴新动力

2019年2月，中共中央办公厅、国务院办公厅印发了《关于促进小农户和现代农业发展有机衔接的意见》，指出发展多种形式适度规模经营，培育新型农业经营主体，是增加农民收入、提高农业竞争力的有效途径，是建设现代农业的前进方向和必由之路。2019年6月，《国务院关于促进乡村产业振兴的指导意见》（国发〔2019〕12号）要求，聚焦重点产业，聚集资源要素，强化创新引领，突出集群成链，延长产业链、提升价值链，培育发展新动能，加快构建现代农业产业体系、生产体系和经营体系，推动形成城乡融合发展格局，为农业农村现代化奠定坚实基础。2020年12月，《贵州省国民经济和社会发展第十四个五年规划和2035年远景目标纲要》指出，要大力培育新型经营主体，健全农业专业化社会化服务体系，发展农业适度规模经营。推进全产业链、全供应链、全价值链建设，拓展农民增收空间。

2021年2月，《中共中央　国务院关于全面推进乡村振兴加快农业农村现代化的意见》指出，要构建现代乡村产业体系，打造农业全产业链，推进特色产业集群集聚发展。2021年5月，农业农村部印发《农业农村部关于加快农业全产业链培育发展的指导意见》（农产发〔2021〕2号），指出要打造一批创新能力强、产业链条全、绿色底色足、安全可控制、联农带农紧的农业全产业链，为乡村全面振兴和农业农村现代化提供支撑。2022年1月，《中共中央　国务院关于做好2022年全面推进乡村振兴重点工作的意见》指出，要大力发展县域富民产业，强化产业链与创新链融合。巩固提升脱贫地区特色产业，完善联农带农机制。聚焦关键薄弱环节和小农户，加快发展农业社会化服务，支持农业服务公司、农民合作社、农村集体经济组织、基层供销合作社等各类主体大力发展单环节、多环节、全程生产托管服务，开展订单农业、加工物流、产品营销等，提高种粮综合效益。推进现代农业产业园和农业产业强镇建设，培育优势特色产业集群，继续支持创建一批国家农村产业融合发展示范园。2022年1月，《国务院关于支持贵州在新时代西部大开发上闯新路的意见》（国发〔2022〕2号）要求，大力发展现代山地特色高效农业。做优做精特色优势农产品，提高重要农产品标准化、规模化、品牌化水平。

2021年3月，《中共贵州省委　贵州省人民政府关于全面推进乡村振兴加快农业农村现代化的实施意见》指出，提高规模化水平，聚焦优势产业、优势单品、优势区域，通过集中化服务，建设一批相对集中连片的特色产业生产基地。推动农业社会化服务发展，提供专业化的专项服务和全产业链的综合服务。2022年10月颁布的《贵州省乡村振兴促进条例》规定，构建现代农业产业体系、生产体系、经营体系，提高农业综合生产能力，发展新型农业经营主体。

农业全产业链是农业研发、生产、加工、储运、销售、品牌、体验、消费、服务等环节和主体紧密关联、有效衔接、耦合配套、协同发展的有机整体。近年来，随着上述相关政策的逐步落实，我国农业全产业链发展加快，但仍存在不少短板和薄弱环节。农业产业综合体是农业全产业链的重要表现形式和载体，是集生产、生活、生态功能于一体，多种业态并存，有机交织，多元经营，共同发展，整合农业全产业链目标、农业科技支撑体系、现代农业经营体系的一个复合体。农业产业综合体不仅担负着推动现代农业发展，促进农民增收、农业增效、新农村发展，实现我国乡村振兴战略的重要使命，还担负着逐步推动农业发展方式根本性转变的历史使命，对破解我国农业、农村、农民和农业科技发展中的诸多瓶颈问题具有重要作用。因此，培育农业产业综合体，是落实上述政策文件中加快培育发展农业全产业链的重要指导意见的重要举措。

二、推进农业全产业链数字化，促进农业生产率提升

农业产业综合体发展迅速，不仅推动了农业经济的转型发展，也提高了农民的就业率及农民生活水平，成为经济发展新的增长点。将"互联网+"运用到产业链的各环节，稳定产业链结构，实现农业产业链的可持续发展，这需要构建农业全产业链数字化平台，有效实现农业综合体各主体协同合作共同发展。

2020年5月，国家发展改革委官网发布"数字化转型伙伴行动"倡议。倡议提出，政府和社会各界联合起来，共同构建"政府引导—平台赋能—龙头引领—机构支撑—多元服务"的联合推进机制，构建数字化产业链，培育数字化生态，支撑经济高质量发展。农业全产业链的发展需要数字化转型作为保障，提升农业全要素资源配置效率。2019年《国务院关于促进乡村产业振兴的指导意见》、2021年《中共中央　国务院关于全面推进乡村振兴加快农业农村现代化的意见》、2021年《农业农村部关于加快农业全产业链培育发展的指导意见》、2022年《中共中央　国务院关于做好2022年全面推进乡村振兴重点工作的意见》均指出，加快培育发展农业全产业链，促进数字化转型升级，推进智慧农业发展，促进信息技术与农机农艺融合应用。2022年5月，中共中央办公厅、国务院办公厅印发《乡村建设行动实施方案》，提出建立农业农村大数据体系，推进重要农产品全产业链大数据建设。全面推进农业全产业链数字化，是落实国家数字化战略的重要支撑，是促进农业产业全面升级的重要保障。

三、强化农业金融和保险服务，助推农业产业化融合

2019年2月，中共中央办公厅、国务院办公厅印发了《关于促进小农户和现代农业发展有机衔接的意见》，指出鼓励开发农业全产业链保险险种，发挥农业信贷担保体系作用，引导金融机构提供产业链信贷服务。支持开展供应链金融，引导龙头企业为全产业链上的小农户和新型经营主体提供担保和增信服务。2022年1月，《中共中央　国务院关于做好2022年全面推进乡村振兴重点工作的意见》指出，要强化乡村振兴金融服务，积极发展农业保险和再保险。强化涉农信贷风险市场化分担和补偿，发挥好农业信贷担保作用。

由于农业生产特征，农业产业链融资的模式既需要让农业中对现代化生产要素和技术、工具的要求变得有利于通过金融有效地实现定向化服务，又要有效地组合管理农业产业链流程，降低农业生产者面临的高额交易成本和代价。因此，这就要求根据相关政策，依托农业产业供应链，探索出农业金融和农业保险服务，助推农业产业融合发展。

四、创新紧密型利益联结机制，推进农业产业化经营

农业产业化经营的关键在于采取什么样的经营组织形式来引导小农户与大市场接轨、如何将广大农户分散经营转变为适度规模的社会化经营。构建科学合理的农业产业化经营利益联结机制，是加快推进农业产业化经营发展的核心。2021年5月，农业农村部印发《农业农村部关于加快农业全产业链培育发展的指导意见》（农产发〔2021〕2号），要求探索双向入股、按股分红与二次利润返还等模式，支持小农户以土地、劳动力、资金、设备等入股农民合作社和龙头企业。2022年1月，《中共中央　国务院关于做好2022年全面推进乡村振兴重点工作的意见》要求，聚焦关键薄弱环节和小农户，加快发展农业社会化服务，支持农业服务公司、农民合作社、农村集体经济组织、基层供销合作社等各类主体大力发展单环节、多环节、全程生产托管服务。2022年1月，《国务院关于支持贵州在新时代西部大开发上闯新路的意见》（国发〔2022〕2号）要求，深化农村资源变资产、资金变股金、农民变股东"三变"改革。这些文件要求是对创新农业产业化经营利益联结机制的重要指导。

五、培育新型职业化农民队伍，打造乡村振兴生力军

新型职业农民，是振兴乡村、发展现代农业的重要主体。培养更多爱农业、有知识、懂技术、会经营的新型职业农民，打造乡村振兴的中坚力量，是实现乡村振兴的必然要求。2021年2月，中共中央办公厅、国务院办公厅印发《关于加快推进乡村人才振兴的意见》，指出乡村振兴，关键在人，要培养造就一支懂农业、爱农村、爱农民的"三农"工作队伍。《中共中央 国务院关于做好2022年全面推进乡村振兴重点工作的意见》指出，要大力开展适合农民工就业的技能培训和新职业新业态培训，加强乡村振兴人才队伍建设。

农业产业综合体是实现新时代乡村振兴战略目标的重要载体，其为推动农业农村全面发展带来新思维、开辟新路径。围绕着国家提出的"乡村振兴""农业全产业链""农业产业化经营"，上述相关政策为农业产业综合体的发展提出重要指导，其中，新型农业经营主体是动力，人才、金融与利益联结机制是重要保障，推进农业数字化转型是关键。

第二节　烟草行业政策分析

一、深化烟区产业融合，大力发展烟叶产业综合体

近年来，烟草行业高标准打造产业综合体试点，推动烟叶主业与多元产业融合发展，推动地方经济发展、促农增收成效明显，很多烟村摆脱贫困，逐步发展成为产业兴旺、生态宜居、乡风文明、治理有效、生活富裕的新农村。各烟叶主产区把稳定优质烟区、稳定烟农队伍作为烟叶工作的重要着力点，积极推动"烟叶+多元产业"发展，抓实产业综合体建设。在产业综合体建设中，各烟区以职业烟农为主体，以合作社为载体，开展烟叶与多元产业融合发展的系列实践探索，深度参与和推动乡村产业振兴，对壮大乡村产业、促进烟农持续增收起到了

积极作用。大力进行烟叶产业综合体建设,是贵州省局(公司)贯彻落实国家文件、助力全省农业现代化和乡村振兴的有力抓手,也是推进烟区产业融合发展、稳定烤烟产业发展基础的重要途径。

贵州省局(公司)提出"政府领导、烟草主导、烟农主体、村社组织、多方参与"的总体建设思路,坚持基础设施完善升级和绿色化引领、规模化种植、专业化服务、集约化经营、信息化管理、融合化发展的"一基六化"建设方向,着力将烤烟产业综合体打造成为全面展示贵州烟草农业现代化发展成果的重要窗口和全省农业产业融合发展的示范平台,探索具有贵州烟区特点的乡村振兴道路,努力实现"烟叶强、烟区美、烟农富"的愿景目标。

2021年11月,《省人民政府办公厅关于加强基本烟田保护的意见(黔府办函〔2021〕87号)》要求,对全省400万亩基本烟田实施特殊保护措施,推动高效利用、长效保护。明确了"坚持规划引领、坚持共建共用、坚持共融共生"的基本原则,以烟区产业综合体建设为抓手,构建以烟为主、多业组合的"烤烟+N"现代农业产业体系。积极探索"龙头企业+村集体经济+合作社+经营主体+产业工人"的经营模式,推进种植、加工、销售一体化经营,促进烟区一二三产业融合发展。完善利益联结机制,让农民更多分享产业增值收益。

二、落实资金信贷支持,发挥烟草保险保障性作用

贵州是全国第二大烟叶种植产区,烟草已成为保民生、稳就业、衔接乡村振兴的重要产业,烟草产业链上游烟农超过6万户,金融服务需求也较为旺盛,但现有贷款产品绝大部分为线下产品,手续多、流程长,融资难、融资慢的问题一直困扰着广大烟农。2018年12月,《省人民政府办公厅关于推动全省烤烟产业高质量发展的意见》(黔府办发〔2018〕42号)指出,推进烟区"三变"改革,建立完善土地流转机制,加快烟田规模化、规范化流转,大力培育职业烟农、发展家庭农场,引进农业企业,积极发展各类新型生产经营主体,提高规模化种植水平。建立和完善风险保障机制和防灾减灾体系。完善烟叶种植保险工作机制,提高烟叶种植保险保额,最高赔付额提高到1500元/亩,烟草、政府、烟农各承担保费的60%、30%、10%，切实发挥种植保险兜底作用。各有关部门要认真落实土地流转、农机具购置、有机肥施用、地膜污染治理、清洁能源利用等补贴政策和对各类主体的项目支持、资金支持、信贷支持政策。自然资源部门要积极支持烟叶打叶复烤厂、烟叶仓储设施和烟叶收购站点建设用地。电力部门要积极配合烟区电力建设，做好电力供应保障，烟农专业合作社从事烤烟烘烤用电执行农业生产用电价格政策。

三、打造数字烟草农业，助力烟草行业数字化转型

《国务院关于印发"十四五"数字经济发展规划的通知》（国发〔2021〕29号）、国家烟草专卖局对行业数字化转型相关要求及贵州省局相关文件等对行业数字化转型作出了重要指导。加大新兴数字技术在烟叶产业中的应用，大力推广基于北斗、远程监控、智能控制等的技术在烟草农业机械上的示范，建立烟叶产业综合体数字化运行机制，对打造数字烟草农业、智慧烟草农业有着重要的意义。

第三节 贵州烟叶产业综合体发展现状分析

一、烟叶产业综合体的演变与内涵

（一）农业综合体

2012年11月3日，《农民日报》理论版头版刊载陈剑平的文章《农业综合体：区域现代农业发展的新载体》，揭开了现代农业综合体的神秘面纱。现代农业综合体是基于工业化发展理念，借鉴城市综合体概念提出的现代农业发展的新型载体，是在长期以来对农业园区实践不断总结的基础上提出的一个现代农业发展的新概念。现代农业综合体是以发展现代农业为核心，以农业资源要素整合、农业产业链整合、城乡空间整合为目标，以创新培育现代农业产业综合经营体系

和建设社会主义新农村为主要任务，集农业产业新园区、农业科技新城区、农民生活新社区和农村休闲新景区于一体的区域农业农村经济、文化、科技服务集聚新平台和发展新载体。现代农业综合体是以"政府主导、科技主撑、企业主体、农民主力、市场主行"为建设模式，集生产、生活、生态功能于一体，整合农业全产业链目标、农业科技支撑体系、现代农业经营体系的一个复合体，是有效整合政府、科研、企业和金融等发展现代农业相关力量的模式创新。

（二）田园综合体

在陈剑平院士提出的"现代农业示范区可改农业综合体"的基础上，2013年，无锡市阳山镇打造了我国第一个田园综合体项目——"无锡田园东方"。2016年9月，中央农办对该项目进行了考察并充分肯定其发展模式。2017年的中央一号文件提出支持有条件的乡村建设"集循环农业、创意农业、农事体验于一体的田园综合体"。同年5月，财政部下发《关于开展田园综合体建设试点工作的通知》，确定了在18个省份开展田园综合体建设试点，从此，田园综合体建设在我国拉开了帷幕。2021年，财政部再次下发《关于进一步做好国家级田园综合体建设试点工作的通知》，明确了田园综合体重点建设内容、立项条件及扶持政策。在新时代中国农村大发展背景下，田园综合体是一种农村经济社会全面发展的新模式，并为乡村振兴发展提供了一个全新的载体。

从现代农业示范区、现代农业产业园到田园综合体，这些都是为解决"三农"问题而提出的创新性战略。

（三）烟叶产业综合体

我国烟叶产区70%分布在偏远地区，对烟区而言，烟叶产业仍然是烟区农民增收和巩固脱贫攻坚成果的重要支柱产业。国家烟草局在2018年提出在全国部分省份开展烟区产业综合体试点建设，探索打造"烟叶强、烟区美、烟农富"的烟草行业助力乡村振兴典范。中国烟叶公司在《2020年烟区产业综合体建设试点实施方案》中正式提出，烟区产业综合体是指在烟叶种植区域，以行政村为单位，依托烟草全产业链，集聚优质土地资源，利用已建基础设施，建立以烟为主、多产业协调发展的现代农业产业园，推动第一产业稳步向第二、第三产业扩展，带动烟叶产区产业振兴、农民富裕。2020年，全国建设51个"烟区产业综合体"试点，示范引领烟区现代农业发展，更好助力乡村振兴。随后，贵州省烟草专卖局正式提出了烟叶产业综合体这一新兴模式。烟叶产业综合体是将烟叶产业作为主导产业的农业综合体，是农业综合体的特殊表现形式，注重烟叶产业及其相关产业的发展。烟叶产业综合体是以种烟面积千亩以上的核心烟区为单位，以烟叶生产为主导，融合特色种植业、养殖业、加工业等配套产业，形成要素互动、产业互补的多功能、复合型、创新型的农业产业聚集区。农业综合体注重产业链全面拓展；田园综合体则以农为主，注重旅游功能开发；烟叶产业综合体注重烟叶及其配套产业的发展。

二、贵州烟叶产业综合体发展现状

截至2022年7月，贵州烟区共建设省级试点综合体31个，共落实土地5.94万亩。其中，由村集体、烟农合作社等集中统一流转4.48万亩，占比75.4%，开阳、湄潭等11个综合体土地实现100%流转。在流转时间上，流转年限在5年以上的占比82%。亩均综合产值8200元以上。贵州烟叶现代集约、融合高效的生产组织方式进一步优化提升，引领了烟区农业现代化。

遵义市是贵州省的四大优质烟叶产区之一，2015年，农业部批准对"遵义烤烟"实施国家农产品地理标志登记保护。按照"政府主导、烟草推动、镇村主抓、部门配合、定期调度"的工作机制，遵义烟区规划建设了37个产业综合体试点，在综合体内培育专业大户、家庭农场、合作社等职业经营主体5126个，包括160个回乡创业大学生和青壮年农民。因此，本书以遵义市主要烟叶产业综合体为案例，分析其发展特色。

（一）枫香花茂烟叶产业综合体

枫香花茂烟叶产业综合体是贵州省遵义市播州区在2021年打造的第一个大型烟叶产业综合体，该综合体计划三年完成建设，总建设面积10080亩，2021年实施种植土地5053亩。融合烤烟产业与稻、菌、蔬等产业多元发展，亩均综合产出达到1万元以上。

在建设综合体的过程中，遵义烟区立足高质量发展，贯彻新发展理念，加强规划引领，让综合体的烟叶产业凸显"蜜甜香"品牌特色，与其他产业和谐共生。鉴于遵义实际，经过一番探索与实践，遵义市烟草专卖局（公司）总结提炼出"34567遵义烟区产业综合体建设新模式"，推动综合体建设走深走实。其中，"3"是突出"三率提升"目标导向，切实提高土地产出率、劳动生产率、资源利用率；"4"是健全"四共机制"协同推动，达到园区共建、产业共生、主体共育、资源共享目的；"5"是优化"五个保障"夯基固本，更加注重技术集成、配套设施装备、优化经营模式、提升管理效能、完善服务体系；"6"是围绕"六大重点"攻关突破，在土地流转、产业选择、主体培育、利益联结、产销对接、综合服务方面重点攻关；"7"是实现"七化同步"提升水平，持续不断提升规模化水平、设施化水平、集约化水平、专业化水平、绿色化水平、市场化水平、数字化水平。

土地流转基本稳定。在进行综合体建设的烟叶产区，普遍由"村委会+合作社+龙头企业"牵头建立了烟用土地流转中心，按"镇村协调、农民自愿、市场定价"原则，由村委会指导合作社统一流转烟地，支持产业综合体建设。土地流转5050亩，期限均在10年以上，大部分为15年，有效地确保了烟用土地的稳定。亩均产值由原来的0.63万元提升至1.16万元，切实提高了土地产出率和农业综合生产能力，经营主体收益有了较大提升。

多业协同规模化绿色发展。以稳定的土地为基础，当地烟草部门整合各方资源，加大投入，围绕现代山地特色高效农业的要求，持续完善烤房、育苗大棚、机耕道等基础设施建设。这些设施不仅可以用于烟叶生产，大农业生产同样受益。利用育苗设施在79200平方米的土地上种植黄瓜、圣女果、草菇等，利用烤房20间培育草菇菌包，农机具用于水稻、蔬菜非烟作业中。以村集体经济合作社土地流转经营权交易平台为载体，推进土地返租倒包，实行"房产中介式"土地流转。以烤烟规模化种植为支点，撬动辣椒、蔬菜（食用菌）、绿色"稻+"等非烟产业的规模化发展。围绕绿色生产体系，全面进行农药化肥减量、有机肥替代化肥、秸秆综合利用和农膜回收行动，从源头上确保优质绿色农产品供给，在2022年生产有机肥12000吨，完成废膜回收245吨。

金融与保险融合助力产业兴旺。在烟草计划投入413万元、政府计划投入964万元、社会投入243万元的基础上，发动中国邮政储蓄银行、中国农业银行等无抵押放贷，联合保险公司实现水稻、蔬菜、烤烟等主要农作物保险全覆盖。

产业工人精准培育，实现专业化。探索"农业企业培训+政府认定"协同培育机制，培育新型经营主体57户，培训工人385人，服务面积8990亩，实现了烤烟和非烟产业专业化服务覆盖率的双提升。围绕"公司+农业农村中心+种植主体+产业工人"的技术服务体系，抓实各产业的集约化经营。以产业工人中心为载体，通过打孔器、插秧机、无人植保机等新机具的使用，烟叶生产亩均用工减少到16人以内，非烟产业专业化服务率55%以上，劳动生产率有了很大提升。

数字化助推高质量发展。整合数字烟田智慧农业系统、农业生态环境实时监控和病虫害监测预警，达到综合体100%全覆盖。以"黔彩宝""黔邮乡情"等线上渠道，全面贯通金融服务、生产信息、产品销售等环节。

（二）播州乐山烟叶产业综合体

播州区乐山镇新华村漆树湾240亩烟叶产业综合体基地2022年的烟叶单季产值在110万元左右。每年在乐山镇烟叶产业综合体基地务工的群众达2万人次，人均收入每月2400元。同时，该镇按照"保底+分红"方式，不断动员群众以土地经营权入股村集体获取保底收益。未来五年，乐山镇将统筹推进烤烟与非烟产业协调发展。以水旱轮作为主，全面落实一年两熟种植模式，开展白菜、萝卜、贡菜前茬种植，烤烟、水稻大季种植，全年实现亩均产值1万元以上。同时，利用育苗大棚开展黄瓜、草莓、菌菇等特色果蔬种植，有效延伸了综合体农业产业链条。通过大力发展粮烟互补的高效特色产业，形成"以烟稳粮、以粮促烟、烟稻共生"的产业融合发展新模式，推动烟叶产业与当地特色产业深度融合。

（三）凤冈临江烟叶产业综合体

从2020年开始，在凤冈县政府的支持下，凤冈县烟草专卖局（分公司）在临江坝区打造以烟为主、多业融合的烟区产业综合体。依托凤冈县群丰烤烟综合服务农民专业合作社，产业综合体流转近一万亩土地，再转让给职业烟农、家庭农场、种植合作社、农业公司等种植主体，有效地解决了规模化种植的难题。有机肥生产已经实现了订单化组织、标准化生产、专业化配送，在综合体内打造了一条把牛粪变废为宝的资源循环利用之路。综合体创建"烟稻鱼菌蔬"两年五收高效利用模式，形成"烟+N"模式。

（四）桐梓茅石烟叶产业综合体

围绕烟叶产业需求，桐梓县茅石综合体积极发展有机肥自制、生物质颗粒生产和农地膜回收加工等烟叶延伸产业。围绕产出高效、产品安全、环境友好发展方向，全程推行绿色生产方式，探索发展农产品个性化定制服务、农业众筹等新业态，重点围绕稻米、食用菌、红薯等产业与龙头企业合作开展农产品精深加工，提升产品附加值。在综合体建设中，桐梓县烟草专卖局（分公司）与老高山公司积极协商，大力发展"烤烟+蔬菜"种植，每年提前与老高山公司对接订单，让综合体内的农户按订单开展蔬菜种植。

第四节 贵州烟叶产业综合体发展存在的问题

按照贵州省烟草专卖局安排，2020年，全省在贵阳、遵义、毕节、黔西南等多个产区启动了烟叶产业综合体试点建设。通过到烟叶产业综合体所在地深入走访烟农、合作社和一线员工发现，综合体试点建设存在着土地自愿流转、金融保险补贴、产业工人培育、产业设施协同、利益联结机制、产业体数字化六个方面的问题与挑战。

一、土地自愿流转机制待健全

随着农村经济结构的不断调整，中药材、辣椒、蔬菜等产业发展迅猛，"与烟争地、与业争人"的问题日趋突出，原集中连片、土地平整、交通方便、设施配套的优质烟田被切割、转产，烟地向山地、坡地和交通不便、设施不全的区域转移，产业布局细碎、规模效益下降。同时，农村劳动力就业呈现多元化趋势，大量青壮年劳动力向产业外转移，出现"用工难、用工贵"的现象，导致用工成本逐年上升，种植效益逐年下滑，烟农逐年减少。因此，在农业新常态下，农村土地规范流转，既是推进农业结构调整、促进农业规模经营的基本途径，也是提高资源配置效率、促进农民增收的重要途径。目前，各地"三变"改革工作推进进度参差不齐，在土地流转和产业组织上，由于土地自愿流转机制不健全，烟草企业与合作社不得不面对单家独户，导致组织实施困难。

土地流转是推进烟叶产业综合体集约化经营、规模化生产、产业化发展的必由之路。依法合理有序规范土地流转行为，有利于保护农民土地权益、推动现代烟草农业发展、促进乡村振兴。自贵州省推动烟叶产业综合体建设以来，农村土地流转有序开展，土地流转工作取得了一定的成效。但随着烟叶产业综合体的快速发展，农村土地流转速度不断加快，流转范围日益扩大，在流转过程中也出现了许多不容忽视的突出问题，这些问题主要表现在四个方面。

（一）土地流转市场不健全

流转信息不对称（信息对接）。由于农村土地流转市场不健全，农村土地流转信息渠道不畅，普遍存在"要转的，转不出；要租的，租不到"的现象，在很大程度上延缓了通过土地流转实现土地规模经营的进程。

流转价格机制欠缺（交易价格）。农户在土地流转价格上比较随意，不知道合理的流转价格，双方只能凭经验商议。农村土地存在等级、肥力、位置等的差异，加上物价、材料、政策等因素的变动，导致不仅存在绝对地租，也存在级差地租。当前部分地区土地流转的价格评估机制尚不健全，使流转价格的形成缺乏科学依据，无法真正满足农户和受让方的需求，制约了农民流转土地的积极性。

缺乏土地流转的长期承包机制（流转时间）。在农村土地流转过程中，受让方往往要求地块相对集中、面积足够大，有流转意愿的农户所承包的土地往往面积少、地块小、"插花田"多。要实现土地的集中连片，有赖于承包土地的农户一致同意，而农户间的情况千差万别，有的愿转出，有的不愿转出，有的愿长期转出，有的只愿短期转出，意见很难统一，这些客观因素使那些有流转意愿的农户难以实现其土地的流转。由于流转时间较难一致，不利于综合体内设施建设、产业配套、政策扶持等工作的开展，对稳定烟区、稳定烟农也不利，易限制综合体建设质量的提升。

（二）土地流转程序不规范

由于缺乏规范的土地流转合同，造成了较多的流转纠纷。农户进行土地流转的方式多为口头约定，尽管签订书面合同，但对于双方当事人的关系、流转后双方的权利义务、土地用途等的规定尚不明确，很容易引发纠纷，从而削弱了土地流转的积极性。有的村组由于大多数农民在外打工，村组干部或在家的少部分农民在未经全体村民同意及管理部门备案公证的情况下，代替其他村民签订了合同，以致在流转过程中产生了较多的矛盾。

（三）土地流转保障机制缺乏

从农民的角度来看，其生活保障机制欠缺。少部分农民受传统观念的束缚，将土地视为最基本的生活保障，宁肯粗放经营，也不愿转移出让，而且部分土地转出收益吸引力不大，致使农民的流转意愿不强烈。对于进城务工的农民来说，土地仍然具有较强的社会保障和就业功能。

对于土地转入方而言，种植大户的保障机制也不健全。种植大户经过土地流转形成规模经营后面临的最大风险是市场风险。农业是一个周期长、见效慢、受气候影响大的弱质产业。由于农业生产的周期性特点，很难及时作出调整，遇灾害性天气或市场产品过剩时，几乎必然亏损，规模越大，亏得越多。

（四）土地流转监管机制不健全

由于乡镇农经机构管理体制不顺、职责不明、队伍不稳，无力对土地流转合同进行指导和管理，一些乡镇没有专人负责土地承包管理工作，对土地流转放任自流，流转行为无人监管，流转纠纷无人受理，农民的合法权益受到损害。如一些流转大户由于经验不足、经营不善等原因，承包几年后溜田，而他们通过担保和抵押农村土地承包经营权取得的贷款往往不了了之，追索困难。另外，根据农业农村部下发的《农村土地承包经营权流转管理办法》，补贴的发放应当坚持"谁经营，补给谁"的原则。通过转让、转包、出租方式流转的土地，农业相关补贴等应该转给土地受让方。但基于法理上的推论不能完全消除现实中的纠纷。现实中，流转后涉及的补助，可能并没有随土地流转而转移给真正的种烟大户。

二、金融保险服务机制待完善

（一）烟农金融服务供给不足

金融服务供给不足的根本原因在于农业生产风险高、烟农信用低和缺乏抵押。烟草种植户作为传统农业中一个不可或缺的主体，其面临融资约束困境。

农村金融的服务对象——广大农民群体的受教育程度普遍较低，信用意识普遍较差。并且，农业种植具有极强的不稳定性，一旦出现自然灾害就会导致农民无力按时偿还贷款，即便欠款农民有着较高的信用意识，也没有办法偿还贷款，自然要形成较高的不良贷款率。还有，由于烟草种植户没有收入证明，没有固定资产，还缺乏担保人，所以其很难通过银行的贷款审核，影响烟草种植户的融资。烟草种植户数量多且分散，银行很难掌握烟草种植户的销售量以及资金量，进而很难对其做出较为客观的信用评价，抬高了融资门槛。即使银行想拓展该项业务，由于烟草种植户分散，银行前期尽职调查时很难全面掌握真实有效的数据，金融渗透、下沉不足，银行贷款手续复杂使烟草种植户很难直接获得银行的资金支持。

（二）烟农保险服务供给欠缺

农业是我国的支柱产业，但农业生产面临的风险较大，很多农民都是靠天吃饭，一旦发生自然灾害就损失严重，而农业保险可以降低风险造成的损失。实践证明，对于种植业中可能出现的灾害，只有充分发挥农业保险的作用，才能从根本上保障农民的收益，进而助推乡村振兴事业。

（1）农业保险亏多赚少。相对于发达国家，我国农业生产市场化水平较低，规模相对较小，农业企业主文化程度相对较低，因此农业经营的巨大风险需要商业机构共同承担。由于农业生产受自然环境的影响较大，导致农业保险具有可保性较差、经营风险大的问题，当前商业化经营的模式不够完善。此外，在技术层面，自然灾害的预测水平较低，一旦发生灾害，农业生产损失也具有严重的不确定性，这些都影响了农业生产的稳定性，正是由于这些主客观因素，越来越多的商业保险机构退出了农业保险市场。

（2）农民收入有限，支付保费的水平较低。不同区域面临的自然因素存在一定的差异，但就总体而言，农业保险的理赔率较高。这也促使农业保险机构不断调整保费，降低自身风险。但农民本身的经济收入非常有限，尤其是对于偏远地区的农民而言，其本身在支付保费方面就会存在较大压力，主动购买农业保险的人更是非常少。

（3）法律制度建设不完善。我国农业保险行业的发展需要相关法律法规的支撑，以法律为基础平稳发展。但目前为止，我国农业保险更多的是属于一种政策性保险，相关法律法规的建设缺乏有效支撑。

三、产业工人培育体系待加强

烟叶产业综合体产业工人培育的前提是已经有明确的产业技术的工艺流程和操作要点。目前，贵州烟叶产业综合体产业工人的发展还处于初级阶段，还没有形成成熟的培育体系，培育产业工人要达到的目标以及配套支撑措施均需加强。

四、产业设施协同机制待优化

在不影响烟叶种植的情形下，如何提高非烟产业收入再次促进烟农增收是产业综合的重要问题，因此需要烟叶与非烟产业协同发展。烟叶产业因其稳定的订单，供应链完整，受市场影响较小。一方面，对于非烟产业来说，需要充分结合当地生态实际和市场需求深挖与烟配套的轮作产业，各地区综合体虽然积极寻找配套产业产品市场订单，但总体来看，社会资源（农业公司、百货超市、生鲜超市、企事业单位等）主动参与程度不够，综合体吸引社会资源（人力、资金、技术、市场）的能力还不足，导致非烟产业供应链不完善，不利于综合体内烟地轮作。另一方面，烟地轮作还需要考虑综合体的相关设施情况，实现其利用价值的最大化。因此，在稳定烟叶的情形下，产业协同、设施协同的相关机制还需要进一步优化。

五、主体利益联结机制待完善

在利益联结机制建设方面,尽管政府与烟草企业对利益联结机制建设的重视程度不断提高,实践中紧密型利益联结形式越来越多,但总体进展情况并不理想,具体表现在以下两个方面:

(一)利益联结方式松散

非烟农业生产企业与农民的利益联结方式大多较为松散,一般是直接的要素租赁、产品购销关系。为保障农民利益,促进农民与工商企业建立更为稳定、持久的股份合作关系,需要建立一定的激励机制。按照激励约束相容原则,在没有相应的激励作用下,企业较难有动力让利于农民。因此,缺乏对工商企业激励的利益调节机制,是企业与农民间难以建立紧密型利益联结关系的重要原因。此外,即使工商企业愿意与农民建立紧密的股份合作关系,但是紧密型利益联结机制是建立在收益共享、风险共担的基础上,当前农民与企业共担风险的意愿不强,这是导致利益联结机制松散的另一个重要原因。

(二)利益契约关系不稳

不论参与形式如何,多数工商企业进入农业农村,往往与村集体、农民等签订契约,但实践证明,契约稳定性不强、约束力不足是一个普遍现象。在缺乏收入保障措施的情况下,预期收入波动导致产业综合体的交易双方对合作均可能采取消极态度,即以牺牲合作共赢为代价来确保短期微薄利益的获取,导致利益联结机制始终维持在松散水平上。一方面,农户违约造成企业经营困难。即使农民与企业签订了产品购销合同,但当产品市场价格较高时,不少农民不按合同规定销售产品。另一方面,工商企业违约给农户带来损失。当产品市场价格低于合同价格时,企业可能以产品质量不过关为由拒绝收购农民产品。契约关系不稳定与农村社会诚信环境相关,缺乏对违约方的制衡机制,关键原因是缺乏利益保障机制。

六、产业体数字化建设待加强

随着农业综合体建设项目的日趋普及，烟叶生产各参与方以合作社、烟农、烟草公司烟叶站间的协作关系最为密切，在烟叶物资领用、秧苗领用、日常大田管理、专业技术支持协作及多元化烟农综合体生态建设诸多环节，亟待解决信息流转通畅性及资金流转规范性的问题。

烟农作为农业生产关键要素，在烟叶生产环节中的重要性毋庸置疑，以前烟农的配套服务大多以事务当面沟通为主。信息化辅助服务手段空缺，信息化服务意识普及缺乏，没有多元化综合服务的概念。导致烟农管、服、帮缺少统一平台。亟须以信息化手段为支撑，进行专业、简洁、易交互的专属服务平台打造，以全面落实烟叶生产过程管理需求及多元化服务需求。

由于烟叶生产的特殊性，烟农群体的各业务环节的资金往来目前多以传统的当面沟通机制完成，缺少信息化痕迹跟踪及多方式付款能力的支撑。为确保资金往来的规范性及支付方式便捷性的基础需求，烟叶产业综合体需要高效、安全、便捷的支付中心体系。

第五节 贵州烟叶产业综合体发展策略建议

一、完善主体协作模式，规范农业运营体系

积极推广"龙头企业+经营主体+产业工人"的生产经营模式，持续推动配套产业高效稳定发展。一是龙头企业引进。解决产品订单、市场销路、技术支撑问题，非烟产业有省蔬菜集团、谊品生鲜、卓豪农业、遵义安康等企业的订单保障，烤烟有烟草公司的订单保障。二是经营主体培育。培育种植专业户、家庭农场、种植合作社、农业公司等，实现专业种植、规模种植。三是产业工人稳定。由合作社建立产业工人中心，围绕耕、种、管、收、销等农业生产环节提供代耕

代种、统防统治、统收统销等全产业链的农业服务。四是合作社。其既是服务主体，又是经营主体。

二、改进土地流转模式，推进生产规模经营

（一）转变思想观念，引导流转（不愿意流转）

在土地流转过程中，要充分利用广播、电视和网络等各种媒体，深入宣传土地流转政策，逐步消除传统思想观念。既要加强对农村土地承包法律法规的宣传，教育广大农民和基层干部知法、懂法、用法，又要加大对增收致富典型的推广力度，充分发挥外出创业有成人员和种田大户的典型示范作用，使更多农民转变思想观念，以加快土地流转。

（二）改善生产条件，促进流转（愿意流转，但墒情不一样）

在土地承包过程中，村集体为了让土地资源得到合理、平衡的配置，采取地块远近搭配、好坏搭配、平地和坡地搭配的方式，使地块分散，难以统一规划实现机械化生产，严重制约土地流转进程。政府、烟草公司及其他各涉农部门应积极改善农业生产条件，加强基础设施建设，通过坡改梯田、沟坝地建设、机耕道路建设等多种形式，提高农业机械化作业率，加大对投资主体进行农业生产的吸引力，提高土地流转率。

（三）加强服务管理，规范流转

建立土地流转管理服务中心。建立土地流转信息库和流转信息平台，构建开放、竞争、公平、有序、规范的土地流转市场，着力培育土地流转服务网络，充分发挥中介服务组织在土地供给主体和需求主体之间的媒介和桥梁作用。结合各地区的土地状况和农民需求，制定合理、有效的土地流转规划，及时收集发布土地流转信息。在遵循合法自愿原则的前提下，鼓励、引导农户通过转包、入股、出租、转让、互换等多种形式进行土地流转，通过土地流转的交易平台，逐步完善土地承包经营权价值评估制度和农村信用体系建设，拓展多种土地流转方式的生存空间。

建立农用土地评估机构。通过逐步建立和完善土地流转价格评估制度，建立

统一规范的土地流转价格指导机制，综合地形、地理位置、基础设施条件、产权归属等因素，开展土地分等定级和价格评估工作，客观公正评估土地等级和市场价格，为流转双方的公平交易和政府加强土地管理提供科学依据。

加强对土地流转双方的管理。提高农户土地流转的法律意识以及备案登记意识，积极引导农民签订加强规范的流转协议，对双方的责权利作出明确规定。加强对流转合同的审查、监督，及时办理合同变更、解除和签证，规范合同的登记、立卷和归档。

（四）建立健全机制，完善流转

健全保障机制。建立农业风险保障机制。加强气象、作物病虫害等自然和市场风险的预测预报。加大对农业基础设施建设的投入，加快土地平整和农业综合开发，改善水利、电力、道路等农业生产条件，为农业规模化经营创造条件。

拓宽就业渠道。依托数字化平台，健全劳务协作机制和信息网络，引导农民在土地流转中实现劳务转移。

建立纠纷调处机构。充分发挥土地纠纷调处和仲裁机构的作用，妥善处理土地流转纠纷，切实维护土地所有者、承包者和经营者的合法权益，维护农村社会稳定。

（五）制定政策措施，激励流转

设立农村土地承包经营权流转专项资金，推动土地适度规模经营。建立现代农业保险体系，优先将规模经营业主纳入保险范畴，增强农民和现代农业企业的抗风险能力。鼓励工商企业投资产前、产后和"四荒"（荒山、荒沟、荒丘、荒滩）资源的开发，采取"公司+合作社+农户和订单农业"的方式，带动农户发展产业化经营。金融机构要在符合信贷政策的前提下，为参与农村土地承包经营权流转的龙头企业、农民专业合作社和经营大户提供积极的信贷支持。

三、创新金融支农服务，推动现代农业发展

（一）创新订单式农业金融服务模式

结合烟叶产业综合体特征，发展探索供应链金融模式，建立互联网"银行贷

款+风险补偿金""政银保"等金融服务方式,由财政资金提供保费补贴、风险补偿金,合作银行向新型农业经营主体提供无担保、无抵押、低成本、简便快捷的贷款。当出现不良贷款时,按约定程序和比例由财政风险补偿金及保险公司赔付,通过财政、信贷、保险三轮驱动,共同扶持新型农业经营主体的发展。通过上述方式弱化对农民财产抵押物的要求,调动银行积极性,有效提升贷款可得性,实现政府、银行、保险机构的风险共担。同时,依托互联网,可以使农民足不出户,只需要智能手机就可以选择办理相关金融业务,节省了大量时间。

(二)建立综合体全产业链保险机制

建立烟叶与非烟农产品"种、产、销"全产业链风险保障体系,兼顾标准化与差异化服务,提升风险保障水平,满足农户多层次需求,探索具有烟草特色的烟叶综合体收入保险、价格保险、"保险+期货"机制。支持农业龙头企业为农户、家庭农场、农民合作社提供贷款担保,引导订单合作农户参加农业保险。针对合作社、家庭农场等具备市场化属性的集体或主体,探索高保费、高保额的保险产品,以实现稳健经营、管理风险为导向,强化风险管理功能。对于传统小农户,以规避价格波动风险、稳定种植预期为目标,为个体农户提供标准化产品与服务,加强收入支持。

四、强化工人培育体系,稳定产业工人队伍

(一)强化产业工人培育制度

建立健全"三位一体、三类协同、三级贯通"的新型职业农民培育制度,从教育培训、认定管理和政策扶持三个环节对产业工人进行精心培育,做好教育培训工作,加强认定管理,善于利用扶持政策。对生产经营型、专业技能型、专业服务型三种类型的产业工人的培育,要以生产经营型为主,并与其他两类共同推进,从而实现三种类型的新型职业农民的共同发展;加大对行业中、高级产业工人的培育与认定,实现初、中、高三个级别的均衡发展。

(二)建立行业产业工人协会

通过建立行业产业工人协会,提升产业工人组织化程度。通过协会加大对新

型产业工人培育的宣传力度，尤其是对培育的重要性和培育后所发挥的积极作用进行广泛的宣传。同时，在各组织内部选拔示范区，作为产业工人培育重点示范区，发挥其示范带动作用。

（三）充分利用涉农教育资源

对于产业工人继续教育活动，创新培育模式。实行"分段式、重实训、参与式"培育模式，根据农业生产周期和农时季节分段安排课程，强化分类指导，在提高其专业基础能力的同时，增加专业参与性、互动性和实践性。鼓励产业工人参加中等职业教育，在课堂教学中，通过参与式、讨论式、案例式等教学方式，进行理论知识的传授，并根据其农业生产的时间安排，弹性安排其上课时间或者是充分利用互联网平台，使其适时进行专业知识的学习。通过实验实习、专业见习、技能实训、岗位实践等方式进行实践教学，提高农民的专业实践能力。

五、完善利益联结机制，激发富农长效动能

（一）减少政府干预，规范订单农业

在利益分配机制建设上，要充分发挥市场机制在利益联结、收益分配方面的决定作用，政府应尽可能减少干预，退出产品或要素定价等市场机制发挥作用的领域。支持和规范农民合作社发展，切实提高农民组织化程度，增强农民市场谈判地位和能力。引导农业龙头企业与农户、家庭农场、农民合作社签订农产品购销合同，建立长期稳定的购销关系。支持农业龙头企业通过保护价收购、利益兜底、利润返还和二次结算等方式，与农户建立紧密的利益联结机制，保障农户直接受益、均衡受益。

（二）建立诚信体系，引入新型保险

在利益保障机制建设上，加快建设农村信用体系，健全农村居民信用体系、企业诚信管理制度。建立个人借贷和工商企业发债、贷款、担保等信用交易及生产经营活动与诚信履约挂钩机制，加强守信激励和失信惩戒，将企业与农民违约行为列入信用档案，并作为融资贷款、享受优惠政策的重要参考依据，保障契约关系的稳定性。同时，加强农村产权保护，建立健全农村产权交易体系，促进资源要素的自由流动和合理配置。

引入新型收入保险，发挥其在风险统筹和利益分配两方面的保障和优化作用，利用其可保障农户和龙头企业预期收入稳定、规范产业利益分配行为和提升金融资源配置效能的优势来强化农户和龙头企业的利益联结关系，可推动现有松散型利益联结机制向"风险共担、利益共享"的紧密型合作机制转变，促进综合体的健康发展。

（三）鼓励企业合作，提升农户收益

在利益调节机制建设上，通过政策、资金、基础设施建设倾斜等方式，鼓励工商企业与农民建立紧密型合作关系，提高农户的利益分配份额。

六、优化资源配置管理，促进多业协调发展

围绕"基本烟田+多元产业""设施+多元产业"的布局，优化闲置设施与基本烟田在多元产业中的配置，坚持生态、绿色、中高端定位，建立稳定的"粮、蔬、烟+"种植制度，推动产业规模化、标准化和特色化发展。围绕产出高效、产品安全、环境友好发展方向，全程推行绿色生产方式，探索发展农产品个性化定制服务、农业众筹等新业态。

七、搭建数字生态体系，提升农业智慧水平

建立烟叶产业综合体数字化生态系统，搭建黔彩烟叶支付交易体系，基于基础金融服务平台，使其具备满足烟叶生产物资领用、秧苗领用、烟叶收购等专业业务环节的支付受理能力。搭建金融服务中心，实现互联网金融服务模式下为烟农、合作社等参与主体提供金融服务。实现烟叶物资领用环节的App端交互打造，建立烟农宝一码通信息基础平台，实现烟农身份的统一认证。在烟叶生产交互环节，实现烟农便捷交互，在简化业务受理环节的同时，规范烟叶物资领用业务的信息化留痕，配合补贴等一系列助农政策，开展精准烟农生产管理，助力农业综合体建设。联合省农交中心，提供农村土地流转在线服务，为产业综合体的农用土地流转铺平道路,助力保持未来大产业综合体的顺利延展。打造农户技能提升、专业培训多元化服务平台。推动 App 端产业扶持、农资服务、农产品营销服务等电商功能的全面实现,全面助力农货出山等乡村振兴战略,真正整合现代农业化生产过程与移动互联多元化服务场景。

第三章　贵州烟叶产业综合体发展机制研究

第一节　产业综合体发展目标

烟叶产业综合体以习近平新时代中国特色社会主义思想为指导，全面贯彻落实党的二十大精神以及省委、省政府和国家烟草专卖局各项决策部署，着力深化农业供给侧结构性改革，深入实施"稳定总量、优化结构、转型升级"三大攻坚战，持续推进"三优先""三基本""五良配套""五个优化"，把握新发展阶段、贯彻新发展理念、构建新发展格局，全方位推动贵州烟草产业高质量发展。

烟叶产业综合体是新常态下，以"创新、协调、绿色、开放、共享"发展理念为引领，以"多方共建、多人共舞、多业共生、多端共享"为建设方针，以"组织化、专业化、集约化、社会化、数字化、绿色化"为基本原则，在贵州烟草农业发展区域内，探索构建以农民专业合作、供销合作、信用合作"三位一体"的农村新型合作体系为核心，通过政策支持、科技创新与数字管理开展多方主体合作，促进烟草农业功能集成、系统融合和跨界发展的新模式。该模式采用横向资源整合、纵向产业延伸的方式，充分发挥区域自然生态资源和农业生产资源优势，以集烤烟种植、高效农业、农事体验、农产品加工等于一体的循环与智慧行业级烟叶产业综合体建设为突破口,在稳固烟草产业的基础上,着力优化资源配置、完善产业体系、提高供给水平,成为产业带动乡村发展的转型升级典范区、促进生态增值的绿色发展示范区、有利于农民增收增效的样板区,最终实现"烤烟强、烟区美、烟农富"的发展目标,多渠道、全方位助力乡村振兴,具体如图3-1所示。

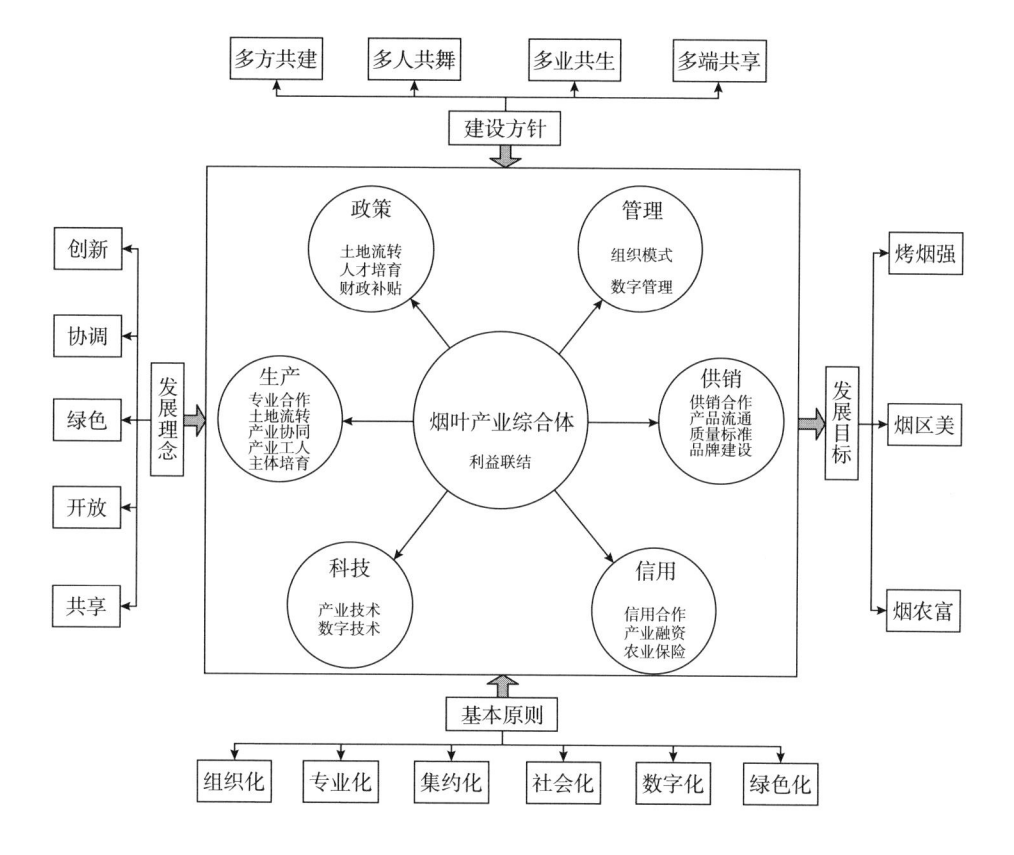

图3-1 烟叶产业综合体发展模式

烟叶产业综合体模式体现出以下五个方面的创新理念:

树立了新理念。用工业化理念发展农业,以烟叶生产为主导,通过第一、第二、第三产业的相互融合,让第二、第三产业附着在第一产业上,使烟叶拓展为综合产业,推动烟草农业发展方式的根本转变。

体现了新内涵。以烟叶为主导,以科技为支撑,融合非烟生产、商贸物流、教育培训、休闲观光、文化创意等多个相关产业,构建多功能、复合型、创新性的产业综合体。

构建了新模式。以"政府主导、烟草主推、企业主体、农民主力、市场主行"组织模式建立了多方紧密型协作关系,构建一个相互依存、高效运作的稳定支持架构。

设计了新机制。政府做好规划与政策制定,烟草公司组织联合金融机构、农民专业合作社、农业科研单位,建立"多方共建、多人共舞、多业共生、多端共享"的新机制。

担负着新使命。烟叶产业综合体在烟区不仅担负着促进烟农增收、农业增效、新农村发展的重要使命,而且担负着促进科技创新、科技成果转化与推广体制机制创新的使命,从长远来看,还担负着逐步推动农业发展方式的根本性转变的历史使命。

第二节 产业综合体发展框架

烟叶产业综合体将构建"以烟为主、产业互补"的由核心产业、支持产业、配套产业三个层次组成的产业集聚,形成农业产品体系、农业服务体系、农业支撑体系与产业组织体系四大核心体系,呈现产业融合、业态融合、功能融合、区域融合的创新、持续发展态势,具体如图3-2所示。

一、产业层次

核心产业:以烟叶产业综合体为载体,以烟叶生产为主的烟草企业和非烟农业生产与服务的龙头企业,承担价值创新与增值的任务,是提升产业质量和壮大产业规模的关键,需要重点发展。

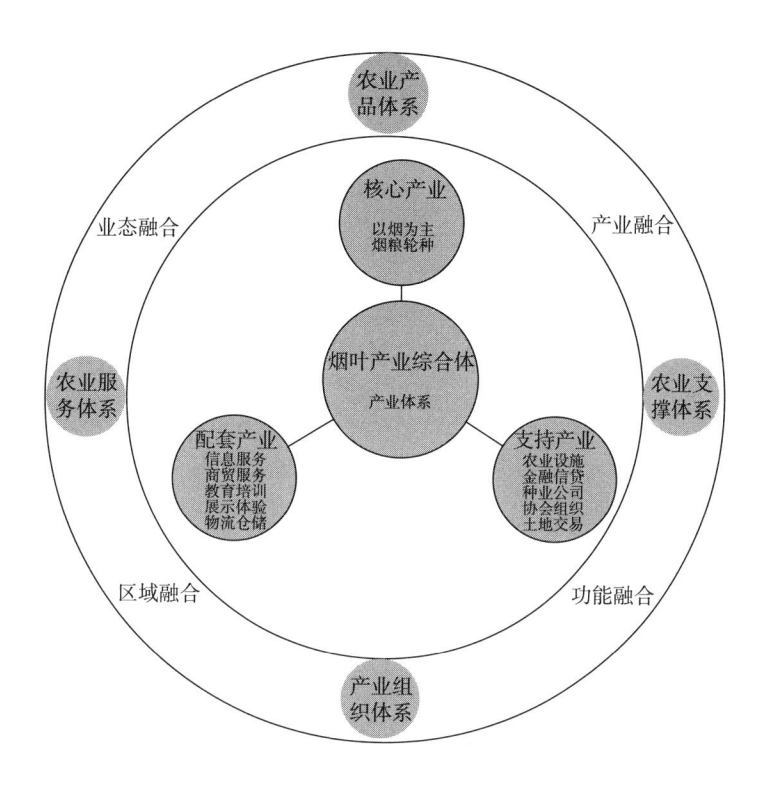

图 3-2 贵州烟叶产业综合体产业发展框架

支持产业：直接支持农产品的生产、加工和传播的企业，是起支撑作用的产业，需要率先发展。

配套产业：促进烟叶产业综合体良性健康发展的企业，是产业发展的重要延伸，包括教育培训、商贸服务、产品的推介和促销企业，以及实现农业产品与服务的溢价和品牌提升、提供良好环境和氛围的企业。

在整个产业体系中，一二三产业互融互动，通过各个产业的相互渗透融合，把农业生产、休闲娱乐、农业技术、农副产品等有机结合起来，能够拓展现代烟草农业原有的研发、生产、加工、销售产业链，形成产业延伸与互动的模式，发挥产业价值的乘数效应。

二、核心体系

农业产品体系：涉及烟叶、粮食、蔬菜各个产业，不同地区烟叶产业综合体主导的产品体系将有所侧重，确保安全、健康和优质农产品的有效供给。

农业服务体系：发挥农业提供农产品和原料功能的同时，加快培育和拓展生态保护产业、休闲观光产业、特色产业、农村二三产业、循环农业、乡村旅游业等，充分发挥农业的多功能，提高农业经济社会生态效益。

农业支撑体系：加快发展农业科技、社会化服务、农产品加工、市场流通、信息咨询等为农服务的相关产业，以提升现代化产品和农业抗风险能力、市场竞争能力和可持续发展能力。

产业组织体系：把关联效应较强的各种农产品的生产、经营市场、科技、教育、服务等主体，通过必要的利益联结机制形成多部门有机复合体。这种复合体将农业产业相关环节紧密相连，构成一体化的涵盖其价值形成和分配的经济系统，这是由市场化农业及与其相关的产业所构成的一种新型的农业组织形式和经营机制，是农业产业化的高端形式。

三、融合态势

产业融合：一二三产业融合。烟叶产业综合体产业体系的核心任务是以烟为主，通过产业互补拓展产业空间，强化产业联系。按照现代化大农业生产的要求，在大力发展新兴业态的同时，在纵向上推行非烟产业产加销一体化，将非烟农业生产资料供应及农产品生产、加工、储运、销售等环节串接成无缝高效的链条，在横向上注重与其他产业的整合、渗透、互动，构成有机的、立体的产业体系。充分实现"小农户"与"大市场"、城市与乡村、现代工业及服务业与农业的有效联结，打造专业高效、开放包容的现代烟叶产业体系。

业态融合：多业态有机集合。烟叶产业综合体产业体系是以烟叶生产为基础，以非烟农业生产经营的标准化、生态化、品牌化、集约化为目标，积极拓展农业的生产、体验、生态、健康等多维形态，打造集多种产品形态和服务业态于一体的综合性、一站式、体验型的现代农业产业体系。以大数据技术为基础，依托信息共享平台，整合社会资源要素，坚持在利益共享原则的基础上连接有效益、有资源、有特色的区域性产业，实现不同业态的生产、加工、物流、信息、科技、资金跨领域融合，向规模化、产业化、专业化、网络化、无边界的方向发展，打破行业和区域分割体制下"各自为政、占山为王"的产业形态，尽快形成"合纵连横、业态融合"的新业态。

功能融合：烟叶产业综合体内产业多功能融合可以划分为农业经济功能、生态功能、就业与社会保障功能的融合，各功能在其功能基本属性的基础上都有不断拓展、延伸的方向。农业经济功能主要通过与科技、信息的融合，不断提升农业的技术含量，提高农业的劳动生产率和农产品附加值。就业与社会保障功能主要通过培养产业工人，吸纳大量农村劳动力，保证农村稳步发展。同时，通过互联网技术和科学技术，使农业在产前、产中、产后的全过程中尽可能提升其专业化、社会化、服务化水平，增强社会就业吸纳能力。农业的生态功能主要指其具有显著的土壤保持、水源保护、气候调节、生物多样性保护等生态调节作用。对于农业生态功能的拓展来讲，应加强正向功能，抑制负向功能，通过提高农业补贴、加强农业生态功能价值内化，生产出更多的绿色、有机、无公害农产品。

区域融合：现代农业综合体"多元融合"以经济为纽带，通过市场机制主导多方主体合作，以发展现代农业为核心和主业，以要素整合、资源整合为支撑和动力，以互联网科技、流通、资金、文化、交流为驱动，实现不同地域的农业要素交叉、渗透、融合，打造高效、绿色的一体化农业产业体系。

烟叶产业综合体通过整合不同的区域经济主体之间的生产、消费、贸易等利益，从全产业链的产品市场、生产要素市场（劳动力、资本、技术、信息）进行渗透和交叉，加速不同地域之间资源要素的跨界流动与重组，打破传统产业体系的技术边界、业务边界、市场边界、运作边界，形成一定区域范围内产业与城市功能相辅相成、良性互动、协调发展的格局或状态，打造区域集群经济体，带动周边区域产业链向上下游延伸，从而使产业体系在地域上形成一种紧密的联系，促进区域产业结构多样化、复杂化，共同构成区域内合理分工的产业体系。

第三节 产业综合体发展原则

在发展目标的引领下,烟叶产业综合体发展遵循"以烟为主、因地制宜,科技种植、智慧农业,市场导向、高效发展,统筹兼顾、协调发展,生态立本、持续发展"原则。通过以烟为主、因地制宜,实现烟叶与特色非烟农产品专业化生产。通过科技种植、智慧农业,以数字服务拓展农业服务应用场景,贯通生产、供销、信用等全产业链条,建立动态感知和智能预警机制,实现烟叶产业综合体全链条数字化管理。通过市场导向、高效发展,推动形成社会化服务体系。通过统筹兼顾、协调发展,形成烟叶产业综合体组织化与集约化发展模式。生态立本、持续发展则体现了烟叶产业综合体绿色化可持续发展方式。具体如图 3-3 所示。

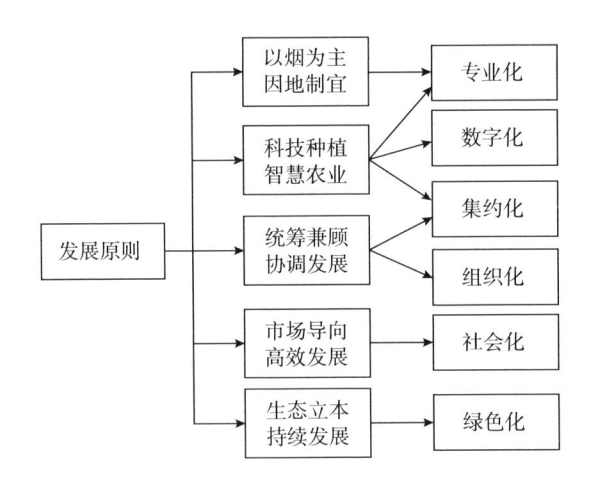

图 3-3 烟叶产业综合体发展原则

一、以烟为主,因地制宜

以烟为主。以"稳烟区、稳烟田、稳烟农"的"三稳"为主要目标,通过产业配套、多业融合实现"以烟稳粮、以粮促烟",建设以烟为主,融合"水稻+"、蔬菜、食用菌等多产业配套发展,集烤烟种植、农产品种植与加工、全程机械、智能农业等于一体的现代烟叶产业综合体。

因地制宜。根据地域、市场和经营主体的资源禀赋条件,促进非烟产业发展呈现出区域化布局、园区化建设、机械化作业、标准化生产、生态化环保的特色。因地制宜、发挥优势和突出特色,让优质资源真正发挥其功能优势、实现其应有价值。积极唱响贵州生态优势、打造绿色生态品牌,以优质产品占领高端市场。通过以优势资源生产优质产品、打造优质品牌、实现优价销售的经营策略,让当地"绿水青山"的生态资源转变为真金白银,充实农民的钱袋子。

二、科技种植,智慧农业

科技种植。综合运用国内国际现代农业科技成果、现代农业生产手段和现代农业经营管理模式,加强新品种、新技术、新设备和新体制的引进、集成、提升、展示和推广,优化种植模式、产品结构和经营策略,建立高效农产品生产体系,提高农产品附加值,提升农产品竞争力,促进主导产业升级,实现科技化、集约化、专业化和高效化。

智慧农业。以保障农产品有效供给和促进农民持续快速增收为目标,深度利用数字平台整合与挖掘农业大数据,便利农业管理。以智慧农业模型辅助农业生产效率的提升,助力烟草数字化转型。

三、统筹兼顾,协调发展

多主体统筹兼顾。坚持政府主导、烟草企业统筹主推、多方共建、成果共享的组织化原则,采用市场化机制,实现共建共享、协调发展。

经济发展统筹兼顾。坚持技术研究与科技示范、资源开发与资源保护、经济效益与社会效益、近期效益与长远效益统筹发展的原则。坚持把发展现代农业与循环经济、生态农业和环境保护结合起来,统筹考虑,综合推进。同时,注重现代农业与现代科技的结合,注重农业生产、生活和生态功能的结合,促进农业健康、集约化和可持续发展。

四、市场导向，高效发展

市场导向。坚持以市场为导向，以企业为主体，以效益为中心，重点发展市场前景广阔、产业覆盖面积大的农业产业以及生产与生活、生态相结合的休闲观光服务业。按照市场经济规律进行运营和管理，打造规范化生产、标准化管理、社会化服务、市场化经营、企业化运作和产业化发展的模式。

高效发展。以开发绿色产品、发展生态农业为重点，引入社会化服务，发展优质高效农业，提高农业科技创新水平、产业化水平和科技服务能力，从而实现经济效益、社会效益和生态效益的有机统一。

五、生态立本，持续发展

生态立本。强调和谐自然的现代农业生态系统建设，推进环境友好型农业发展，农产品安全和农业生产过程安全齐头并进，实现农业持续发展。按照循环经济3R（减量化、再利用、再循环）标准，根据资源环境承载力，以有利于保护生态环境和传承乡土农耕文明为标准控制土地开发强度。

持续发展。将生态环境保护与资源合理利用相结合，在尊重周围生态环境和生态格局的前提下，以"绿色生产、绿色营销和绿色消费"为宗旨，利用地域、资源优势发展循环经济，实现资源高效利用，促进生态环境良性循环。

第四节 产业综合体协同模式

《省人民政府办公厅关于加强基本烟田保护的意见（黔府办函〔2021〕87号）》指出，对全省400万亩基本烟田实施特殊保护措施，推动高效利用，长效保护。其中，毕节市120万亩、遵义市110万亩、黔西南州65万亩、铜仁市25万亩、黔东南州25万亩、六盘水市25万亩、黔南州15万亩、贵阳市8万亩、安顺市 7 万亩。依托 400 万亩基本烟田，烟叶产业综合体采用"横向资源整合、纵向产业延伸"的策略，按照"优势互补、风险共担、利益共享"工作方针，采用农民专业合作、供销合作、信用合作"三位一体"的专业化烟草全产业链农业发展模式，建立生产标准实现质量保障，打造品牌实现效益增值，依托数字化平台实现对烟叶产业综合体的生产、经营与管理的智能化与高效化。具体如图 3-4 所示。

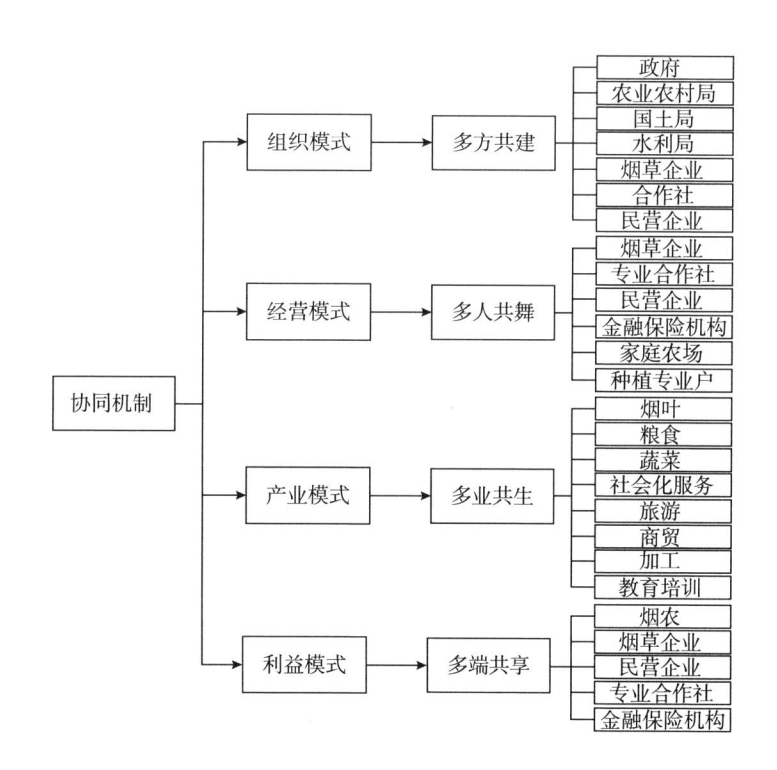

图 3-4　烟叶产业综合体协同模式

一、组织模式：多方共建

按照"优势互补、风险共担、利益共享"工作方针，烟叶产业综合体采用"政府主导、烟草主推、企业主体、农民主力、市场主行"的"多方共建"组织模式是现代农业综合体得以顺利建设的关键。在烟叶产业综合体农产品生产过程中，实行"统一良种供应、统一技术服务、统一质量标准、统一组织销售"。政府与烟草企业积极引导农业企业与种植主体建立订单化合作方式，配套产业100%实现订单生产、保底销售，确保综合体产业产值稳定，持续推动农户收入由种烟收入单一渠道向产业经营、专业服务、土地流转、股份分红等综合收入渠道转变。

（一）政府主导

烟叶产业综合体建设是一项系统工程，涉及农业农村局、国土局、水利局等政府多个部门，为切实保障综合体的顺利运营，在当地党委政府的统一领导下，政府建立专门的管理部门并制定相关配套扶持政策或管理办法，不仅使职能部门依章办事提高效率，起到应有的组织领导作用，而且能切实保障农业、农民和农业企业的合法权益，提高各方的积极性。同时，政府相关部门与烟草企业共同开展产业选择与规划布局，整合使用相关涉农项目和涉农资金，引进农业经营主体发展。

（二）烟草主推

烟草公司是烟叶产业综合体的组织者与推动者，其对综合体建设规划、管理以及监督运行具有不可替代的作用。依托烟草全产业链，烟草公司通过集聚优质土地资源，利用已建基础设施，推动产业整合。利用烟草行业已有资源与技术，采用"集中连片、灌排通畅、高效作业"的生产模式，有效推进烟叶产业综合体区域化布局、规模化生产、集约化经营，为工商合作重点品牌原料基地与特色产业的形成打下坚实基础。

（三）企业主体

涉农企业、合作社、家庭农场及专业户是烟叶产业综合体的主体，作为产业发展组织者、生产经营者，承担生产组织和经营管理职能。合作社作为产业综合体的实施主体之一，负责土地流转、产业实施、资源整合、资源资产管理等。其他主体企业负责相关农产品基地建设与产品经营管理，解决产品订单、市场销路、技术支撑问题。种植专业户、家庭农场、种植合作社实现专业种植、规模种植。

(四) 农民主力

综合体的经营管理主体是企业,但在综合体内从事农业生产的主力军仍然是农民。通过主体企业对综合体的现代化管理与经营,培养新时期现代烟叶种植从业者——产业工人,把传统农夫式的农民改变成从事现代农业的有文化、懂技术、会经营的新型职业农民,围绕耕、种、管、收、销等农业生产环节提供代耕代种、统防统治、统收统销等全产业链的农业服务。

(五) 市场主行

现代农业是市场引领下的商业农业,产量和质量都必须符合市场的动态需求。烟叶产业综合体的建设与发展要坚持五个基本原则,为综合体持续发展奠定坚实的市场基础。

二、经营模式:多人共舞

产业经营模式以农民专业合作、供销合作、信用合作"三位一体"新型合作体系为核心,以科技创新为引擎,以政策支持为保障,以数字化管理为工具,通过一定的利益机制、组织机制将相关组织有机地融合在一起,打造"多人共舞"的经营模式体系。在生产合作上推进"规模化+智慧农业",在供销合作上推进"市场化+现代物流",在信用合作上推进"普惠化+金融创新",同时以"组织化+资源整合"强化综合服务一体发展,促进各类涉农资源有效整合,推动小农户和现代大市场有机衔接。具体如图3-5所示。

三、产业模式:多业共生

通过将产品、农资、信息、资金、政策、技术、设施、设备等各种要素有机系统地整合到烟叶产业综合体中,通过横向产业融合、纵向产业延伸、闲置设施共享、专业社会化服务共享,使各要素紧密联系、相互作用,实现产业内的要素高效整合、功能创新拓展、价值有机放大,最终形成稳定高效的"多业共生"产业模式。

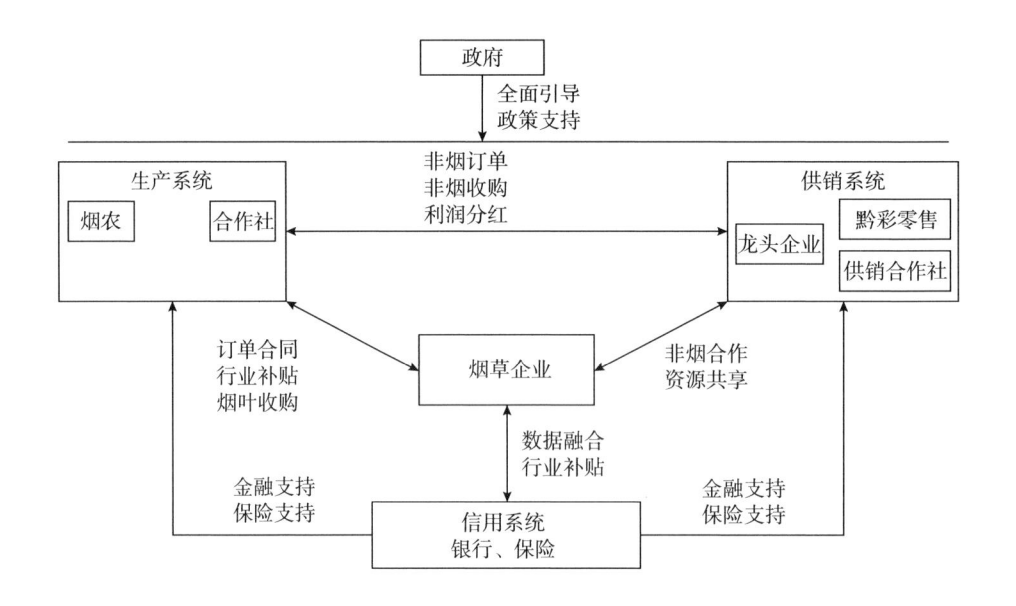

图 3-5　烟叶产业综合体经营模式

四、利益模式：多端共享

多端共享的重点是乡村集体组织、农户以及龙头企业通过互动联结，走上"资源变资产、资金变股金、农民变股民"的三变改革之路，推动乡村发挥其资源优势，让烟草农业"沉睡"的资源活起来、增收的渠道多起来，促进农民增收、产业增效、生态增值。

第五节　产业综合体发展重点

烟叶产业综合体以烟田保护、土地流转、绿色发展、产业工人、产业标准、品牌建设与数字管理作为发展重点，在稳定烟叶生产的基础上实现规模经济，发展有机生态农业，夯实人才基础，做好质量保障，实现可持续发展。通过资源优化实现集约化发展。具体如图 3-6 所示。

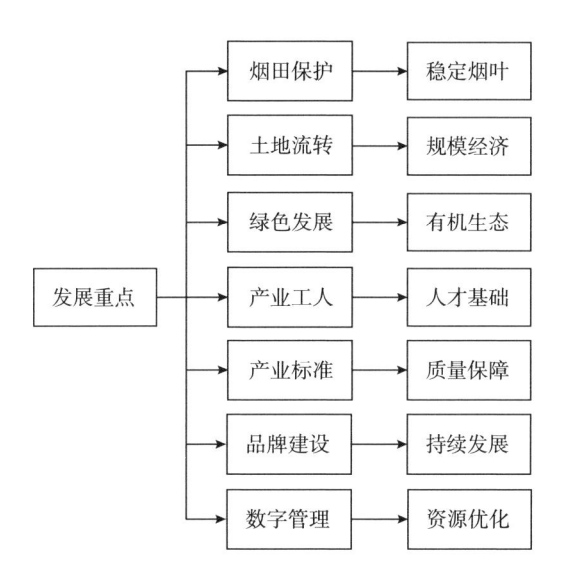

```
              ┌─── 烟田保护 ─── 稳定烟叶
              ├─── 土地流转 ─── 规模经济
              ├─── 绿色发展 ─── 有机生态
   发展重点 ───┼─── 产业工人 ─── 人才基础
              ├─── 产业标准 ─── 质量保障
              ├─── 品牌建设 ─── 持续发展
              └─── 数字管理 ─── 资源优化
```

图 3-6　烟叶产业综合体产业发展重点

一、烟田保护：稳烟

通过对烟田高标准规划、高效率利用、严要求保护，制定以烟为主的种植制度，稳定烟叶产量与质量。

二、土地流转：规模

根据"资源变资产、资金变股金、农民变股东"的"三变改革"，以"股"连心、连利、连责，实施土地经营权全域流转，对全村土地进行统一整合、发包，推动农业适度规模经营，形成兼有规模经济和竞争效率的市场结构。

三、绿色发展：生态

强化科技创新应用，狠抓绿色生产技术，深入践行绿色发展，在生态环境容量和资源承载力的约束条件下，将环境保护作为实现烟叶产业综合体可持续发展的重要支柱。

四、产业工人：基础

以现代烟叶产业综合体高素质人才的能力培养为核心，以培养现代农业发展急需人才为重点。坚持科学人才观，遵循人才成长规律，创新人才培养模式。通过商业化的运作机制，围绕耕、种、管、收、销等农业生产环节，培养一支适应现代烟草农业发展的人才结构合理、农业技术一流、经营管理高效的高素质农业人才队伍，为烟叶产业综合体的发展夯实人才基础。

五、产业标准：保障

烟叶产业综合体坚持以推动农产品绿色化、优质化、特色化、品牌化发展为目标，着重构建一批优势农产品全产业链标准体系，培育一批高素质标准化实施主体，打造一批高水平标准化基地，全面提升标准在提高烟草农业发展质量、效益和竞争力方面的保障作用。

六、品牌建设：持续

在烟叶产业综合体产业标准的基础上，烟草企业引领全产业链上的各环节参与到塑造品牌的行动中，以品牌效应带动销量，发挥名牌的综合经济效益，使农产品成为有竞争力的商品，让烟叶产业综合体的产业体系成为有活力、可持续的产业。

七、数字管理：优化

依托烟叶产业综合体数字化平台，全面打通数据链路，汇聚"生产—服务—管理"多维数据，构建烟农、社会化服务和金融保险机构信用体系及大数据体系。在生产环节打造种植全流程服务闭环；在供销环节打通农资农服供应和农产品销售双向通道供销端；在信用环节构建农户信用身份和涉农服务白名单体系；在管理决策环节建立动态感知和智能预警机制，助力搭建智慧农业决策系统，以数据驱动烟叶产业综合体一二三产融合发展，实现传统农业向现代农业的转型跃迁。

第四章 贵州烟叶产业综合体生产合作机制研究

土地流转是烟叶产业综合体生产合作的前提，产业协同是烟叶产业综合体成功的关键，分工协同是实现产业协同的重要手段，绿色发展是烟叶产业综合体可持续发展的重点内容，产业标准是提升质量效益和竞争力的保障，产业工人是引领综合体发展的基础动力，科技创新是实现高质量发展的重要驱动力。具体如图4-1所示。

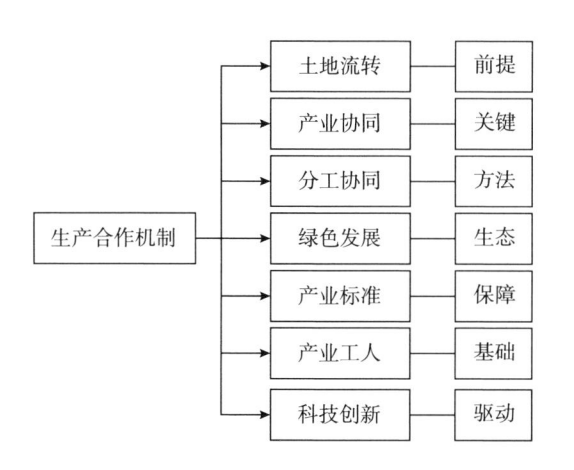

图 4-1 烟叶产业综合体生产合作机制

第一节 土地自愿流转机制（前提）

一、烟田保护机制

通过烟田保护，制定以烟为主的种植制度，稳定烟叶产量与质量。

高标准规划。对照生态、气候、土壤、烟叶质量、配套设施"五个最好"要求，选择设施配套、集中连片、宜机耕、单产高的宜烟好田好土，高标准划定万亩基本烟地，以镇（乡）为单位统一编号，建立管理档案。

高效率利用。对于规划的基本烟田，镇（乡）不再安排与烤烟产业不配套的其他产业调整任务。规划区内不得引进和开办对综合产业发展有妨碍的污染企业。保障合作社对规划内的基本烟地具有独立自主的使用权力。合作社科学合理地进行作物种植布局和土壤保育，扎实促进多元产业融合发展，确保规划区土地高效利用。

严要求保护。实行"整体规划、合理利用、用养结合、严格保护"的方针，通过逐级划定保护区，采取基本农田保护碑、基本烟田保护碑合二为一的公示形式，针对基本烟田制定保护制度，并树碑公示。规划区内土地禁止烟草忌用农药、化肥进入烟田。相关部门在审批建设项目时，应符合基本烟田保护要求，不得随意占用。

二、土地流转模式

（一）土地流转常见模式

随着我国农村剩余劳动力大量转移、农业现代化发展及乡村振兴战略的持续推进，我国传统的家庭联产承包责任制下的土地分散经营方式也逐渐开始发生转变，土地流转行为越来越普遍。自20世纪八九十年代开始，全国各地在实践中依据本地实际情况形成了大量形式各异、特点鲜明的土地流转模式，并根据实践经验进行了不断完善和创新。发展到今天，土地流转的常见模式主要有以下四种：

（1）分散流转模式。这一模式是分散农户之间零星土地流转的常见做法，通常存在于亲朋好友或熟人之间，是在我国工业化、城镇化发展战略背景下农村剩余劳动力转移过程中自发形成并发展起来的，到现在也还广泛存在，具体形式主要有置换、转包、出租、转让等。这一模式的优点在于简单灵活，所涉利益主体较少，双方在流转过程中信息对称、地位对等。同时，由于乡村社会人情关系的存在，流转合约的相关细节较容易协商一致，因此，协议形式非常灵活，土地流转成交速度也较快。当然，这一模式的局限也非常明显，这种形式的土地流转通常是在原土地承包者需要外出务工又不愿意土地撂荒的情况下发生的，土地转入方也通常是与转出者相似的分散农户，且多是出于帮忙照料土地的目的，因此，该类土地流转的规范性较差，也不可能形成土地连片的规模化经营。从经济学角度来讲，该类土地流转的交易成本也较高。

（2）股份合作模式。这一模式是在传统小农生产的分散经营和现代农业规模化经营的矛盾日益突出的背景下出现的，通常存在于分散农户和规模化经营主体之间，主要做法是成立相应的股份合作组织，将一定区域内的农户土地依据质量、区位等要素折算成相应股份流转进该股份合作组织，从而实现土地的规模化、集约化经营。实践中，股份合作组织的设立主体各有不同，有些是由具备一定实力且涉农的企业牵头成立，有些是由村集体或乡镇政府牵头成立。股份合作组织或自行经营土地，或以入股形式交由农业产业化龙头企业负责经营。农户从股份合作组织获取利益的方式则主要有股份分红形式、固定租金形式、"保底租金+利润分红"形式等。该模式的优点在于可以有效将零散耕地集中归拢起来进行规模化农业经营，提高农业科技应用水平，降低农业生产成本，从而获得农业规模报酬，提升农业现代化水平。但在实践中也存在较多的问题：一是农民土地入股过程中股份的折算标准没有统一的规范性依据，主观性、随意性问题较为突出。二是利益联结机制有待完善。股份合作是市场体制的产物，"共担风险、共享收益"是基础，这就要求各合作主体在市场意识、能力、素质、地位等方面具备对等地位，而我国农业长期处于半自给自足的小农生产状态，农户相对于转入主体处于弱势地位，导致难以设计各方满意的利益联结机制。三是非粮化、非农化倾向较为严重。在我国，农业生产本身的效益较低，而粮食种植又是农业生产中效益最差的，土地流转中的经营主体天然存在非粮化和非农化倾向，尤其是企业类经营主体。

（3）返租倒包模式。该模式本质上是在土地流转交易双方之间成立一个中介组织，该中介组织既联系双方，也可以开展相应土地流转服务业务。在实践中，通常是由当地村镇集体组织来承担，主要是因为相较于其他组织，当地村镇集体更能获得交易双方的信任，从而促进交易的完成，同时，通过相应业务获取一定收益也是发展集体经济的有效办法。一般做法是通过支付"租金"的形式将分散农户的土地经营权集中到村镇集体组织，再由村镇集体组织在不改变原有土地用途的前提下筹集资金（主要是相关财政支农资金）对土地进行基础设施等方面的投资开发，从而改善农业生产条件，之后再由其将改善后的土地承包给有需要的规模化经营主体。这一模式最大的优势就是可以有效地减轻流转双方的信息不对称和消除不信任感，从而更便于稳定地开展规模化、集约化农业生产。在实践中，有些地区的中介组织还可以在返租倒包时，联合其他主体根据合同开展供种、管理、农机服务和产品收购上的统一服务，既拓宽了自身营收渠道，保障了土地转出方的利益，又可以极大地降低土地经营者的生产成本和市场风险。当然，该模式也存在一定的隐患，最突出的就在于中介组织在流转过程中一般提供的是有偿服务，土地规模化经营主体缴纳的"租金"通常高于村镇集体组织支付给农户的"租金"，这从市场的角度来讲本来是合理的，但这两者之间的差额到底是多少合适，目前没有统一的规范，也缺乏监管，这就给中介组织留下了"操作""寻租"的空间。

（4）土地信托模式。该模式又被称为"土地银行""土地超市"模式，是效仿金融信托业务开展起来的一种土地流转模式。该模式下，一般由当地政府成立或引进专业信托服务组织，农户可将自身土地委托给该组织并由其进行统一的管理和运营，所获收益扣除一定服务费用后返还给农户。在土地流转过程中，农户本身拥有的土地承包经营权不发生变化，只是具体经营过程交由专业组织进行开展而已，部分地区甚至允许农户随时收回委托。该模式的主要优点在于既可以通过专业信托组织提升农业生产效益，又可以保证农户土地承包经营权不丧失，因而对防止耕地撂荒的效果显著，同时也能在很大程度上推进土地规模化、集约化经营。但其局限也较为明显，该模式的持续稳定开展很大程度上取决于信托服务组织的能力，但我国信托行业本身不够发达，有能力到农村地区提供专业信托服务的组织就较少，尽管有些地方是由当地政府自己设立信托组织，但其专业性还有待提高。

(二) 土地流转基本原则

1. 集中连片，规模适度

长期以来，我国农村部分地区沿袭着传统农业种植方式，土地分布碎片化现象严重，农业生产全程由农户家庭分散经营，对土地资源的利用率低下，靠天等雨，缺乏科技投入，产出的农产品也是在满足自身所需的基础上有了剩余才会少量流向市场。因信息获取困难和生产技术有限等，不能有效地根据市场的变化而调整品种，因而经济效益较差。

烟叶产业综合体是烟草行业现代化发展的重要载体，是对传统农业生产下土地、资金、技术等生产要素的重新组合和优化配置。在农业现代化发展历史背景下，烟草产业向规模化种植、集约化经营、专业化分工、信息化管理转变是必然方向。其中，规模化种植是基础。这就必然要求通过土地流转打破原有土地碎片化分散经营格局，将土地集中到种烟能手手中，从而为种烟能手加大生产投入、提升农业生产科技水平、开展专业化分工和信息化管理等提供基础条件，实现土地产出规模化报酬和农业生产收益的最大化。同时，经济学中规模报酬递减规律告诉我们，任何生产组织方式都不是规模越大越好，受技术水平、管理能力、要素成本、市场需求等因素所限，通常会存在一个收益最大化的最佳规模。烟叶种植也是一样，规模化种植也需要适度。

2. 统筹安排，兼顾粮烟

我国长期存在人多地少的矛盾，粮食安全压力较大。随着农业经营制度的优化及生产技术水平的提升，我国粮食产量得到了极大提升，据农业农村部消息，我国2021年粮食产量达13657亿斤，比上年增长2%，创历史新高，连续7年保持在1.3万亿斤以上，粮食生产喜获十八连丰。但同时也需要注意到，自农业市场化改革之后，随着农业生产积极性的释放和农业生产技术水平的提高，"吃得饱"的目标很快实现，在比较利益的驱使①下，我国开始出现农业生产非粮化现象，并愈演愈烈，粮食作物播种面积占农作物播种总面积的比例不断降低，至2003年，该比例由1978年的80.34%降至65.22%。此后，在政府意识到这一问题并采取相应措施之后，这一比例开始缓慢上升，至2016年升至71.42%，但此后又开始缓慢下降至2020年的69.72%。

烤烟属于典型的经济作物，其种植效益明显高于粮食作物，但其生长时间和粮食有一定冲突。在贵州，烤烟种植一般3月底整地启动，4月中旬移栽烤烟，7月下旬收完第3茬烟叶，这与贵州主要粮食作物的生长时间的冲突较为严重，同一块耕地种了烤烟就无法种植粮食。显然，粮食安全事关国家安全和社会稳定，是第一位的，因此，烟草产业的现代化发展必须统筹兼顾粮食安全，积极开展土地流转，合理安排烤烟种植面积和粮食作物种植面积，并积极通过规模化经营获取更高的效益，以实现粮食产量和烟叶产量共同增长的双赢，而这也是贵州烟叶产业综合体所追求的基本目标之一。

3. 多方参与，利益均衡

在我国独有的土地制度安排下，农村土地流转涉及的利益主体较多，包括但不限于农户、村集体、地方政府、中介组织、转入方（包括种植大户、家庭农场、种植合作社、农业产业化龙头企业等主体）。实践表明，如果土地流转机制设计中不能兼顾各方利益，往往容易出现毁约弃耕、圈地不种、烂尾跑路等乱象，市场化的农业经营资本难以"嵌入"传统的农村经济社会。因此，实现耕地高效稳定地流转以促进农业产业化发展是一项复杂的系统工程，必须均衡考虑各利益主体在土地流转中的诉求，否则流转难以实现。

---

① 包含两层含义：一是产业间的比较，农业收益较低，导致农民务农意愿降低；二是农业产业内部的比较，粮食作物生产收益低于经济作物生产收益，导致产生了农业生产非粮化现象。

4. 因地制宜，形式多样

各烟叶产业综合体所在地的耕地实际情况、农村社会结构等均有所不同，不可能存在一种各地能够通用的土地流转模式。首先，应鼓励各综合体依据当地实际情况，以满足综合体用地需求为基本目标，因地制宜地大胆创新土地流转方式，发展出租、转让、托管、入股等多种流转形式。其次，对实践中已经取得一定成效的土地流转模式进行进一步探索和完善，如进一步探索"工商资本+村集体+地入股"等土地股份合作制，允许职业农民尤其是现代农业综合体自身培养的高端农业经理人以承包经营权入股、以合伙人身份参与现代农业综合体建设。又如进一步完善"镇村统一流转，合作社转包"返租倒包合作制，按照"合作社为主、镇村参与、农民自愿、市场定价"的原则，既可采取"公司+合作社+农户"合作模式，即农户将土地流转到村集体合作社，合作社将土地承包给经营主体，经营主体进行独立运营，净收益按照一定的比例对三方进行分红；也可采取"合作社+农户+技术服务（公司）"合作模式，即农户将土地流转到合作社，由合作社进行运营，合作社又委托公司进行技术服务，产生效益后，按照一定的比例对三方进行分红。

5. 自愿有偿，长期稳定

土地流转本质上是市场交易行为，流转价格是关键。现代烟叶种植模式对用地的长期性和稳定性提出了较高要求。从土地流转的转出方角度来讲，要求烟叶产业综合体的土地流转必须建立在农户自愿的基础上，不仅要求在开始流转时要农户自愿，便于土地实现连片集中规模化经营，也要求在较长的流转期内农户自愿遵守流转契约，不干扰经营主体的生产经营活动。从土地流转的转入方角度来讲，规模化经营过程中生产不受干扰、获取合理利润是其持续经营的前提。因此，烟叶产业综合体应综合考虑流转双方的利益，合理确定土地流转价格，探索土地价格合理增长机制，积极整合政府部门财政支持、金融部门信贷支持和烟草公司专项补贴等各方资源，保障农户的土地综合性收入和经营主体的利润收入，从而持续增强农户的流转意愿和经营主体的生产意愿，确保优质土地资源长期稳定、以烟为主、高效利用。

（三）土地流转模式重构

自 2019 年开展试点以来，贵州烟叶产业综合体围绕烟区稳定总体目标，以土地连片经营为工作重点，结合当地实际开展了大量的土地流转实践，取得了一定成效，但也存在一定困难和问题。一是"与烟争地"现象突出，受其他特色农业产业快速发展的影响，原集中连片、土地平整、交通方便、设施配套的优质烟田被切割、转产，烟地向山地、坡地和交通不便、设施不全的区域转移，产业布局细碎、规模效益下降。二是各综合体内不同程度地存在希望自己经营耕地的少量农户，导致烟地难以实现真正的集中连片。三是综合体流转的集中连片土地也存在不同农户的流转期限意愿不同的情况，有些愿意长时间流转，有些只愿意短期流转，给烟地集中连片的长期稳定经营带来不利影响。因此，有必要对贵州烟草产业总体的土地流转模式进行重新构建，以真正实现烟区稳定的目标。考虑到各综合体已经开展了一定时间土地流转实践且大多尚处于第一轮流转期限内，受合约的限制，不可能从根本上重构土地流转机制，本书提出短期改良模式和长期稳定模式。

1. 短期改良模式："区内置换、适当补偿"

短期改良的主要目的在于临时解决由于个别农户不愿意流转导致连片不易和由于部分农户只愿意短期流转导致难以长期稳定经营的问题，在维持各综合体现有土地流转模式的情况下，联合当地政府、村集体、经营者和烟企的力量，通过与相关农户进行协商，采用在村集体内部进行土地置换的方法，将不愿意流转的农户所需的耕地置换到连片烟地的边缘，并根据农户原有土地和置换后土地的质量、生产设施完善程度、区位等因素适当给予补偿，对于只愿意短期流转的农户土地，在其流转到期时，参照上述方法进行置换。

2. 长期稳定模式："权地分离、合理分区；双向流转、形式多样；市场定价、期限补贴"

短期改良模式尽管可以在一定程度上解决现阶段遇到的问题，但一是难以从根本上进行解决，二是将极大增加各方的交易成本，三是难以解决其他产业"与烟争地"的问题。因此，从长期角度来讲，必须从制度层面进行创新，才能从根本上解决烟区稳定问题，结合我国土地经营制度的"三权分置"改革及部分地区实践经验，本书提出贵州烟叶产业综合体土地流转"权地分离、合理分区；双向流转、形式多样；市场定价、期限补贴"的长期稳定模式。

权地分离、合理分区。在稳定农户土地承包关系、尊重农户意愿的基础上，由村集体利用财政支农资金开展土地集中整治，消除同类耕地不同地块的质量差异，按照"确权不确地"的原则开展虚拟确权。"确权"是指明确农户的土地承包经营权和可承包的不同类型的耕地面积；"不确地"是指对具体承包的地块进行"虚拟化"设置，即不明确具体的经营地块，从而实现承包经营权与具体地块的权地分离。权地分离模式如图4-2所示。

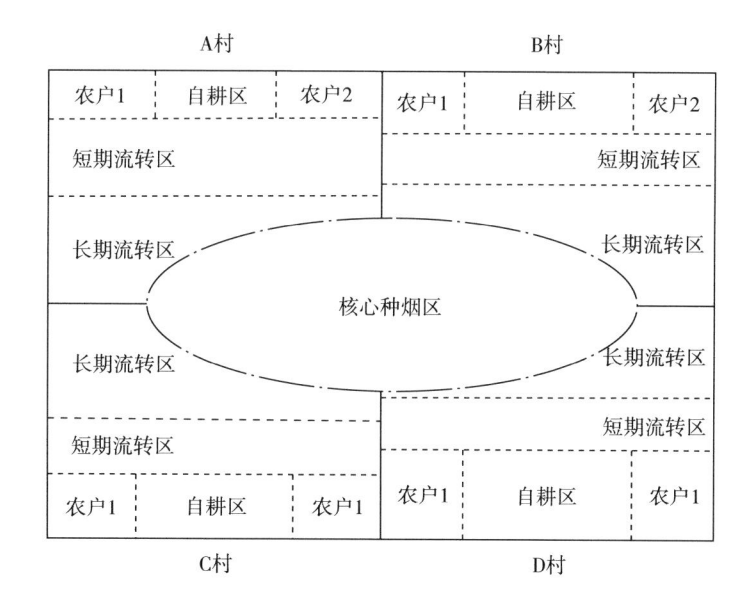

图4-2 权地分离模式

在权地分离的基础上，由村集体根据居民土地经营意愿将所有耕地划分为自耕区和流转区。根据实际情况将距离近、质量好的小块土地划分为自耕区，优先交给少部分有生产需求的小农户耕种，保证个别农户的耕地需求。再将剩余大面积且连片集中的土地划分为流转区，流转给规模化种烟主体或非烟农业经营主体,满足综合体内农业产业现代化规模种植需要。同时,考虑到愿意流转土地的农户在流转的期限上可能存在不同意愿,有些农户愿意长期流转,有些农户只愿意短期流转,可将流转区进一步细分,沿自耕区向外发散,分别设置短期流转区和长期流转区。考虑到烟叶产业综合体"政府领导、烟草主导、烟农主体、村社组织、多方参与"的建设思路,以及"多方共建、多人共舞、多业共生、多端共享"的经营原则,优先考虑将烟叶种植安排在长期流转区。

双重流转、形式多样。由村集体设立农业专业合作社,在对耕地进行分区之后,流转区内的土地全部流转到专业合作社,这是第一重流转,具体可根据现实情况及集体内多数农户的意愿采取入股、租赁、托管等多种方式。对于专业合作社拟自身从事农业经营的,可采取土地托管的方式;以土地入股与其他规模化经营主体合作经营耕地的,可采用农户以虚拟承包权入股合作社的方式;对于合作社拟将土地出租给其他经营主体的,可采用租赁方式。土地流转到农业专业合作社之后,其他经营主体再采用市场竞争方式从合作社流转土地进行经营,这是第二重流转,具体方式由经营主体与合作社进行协商。

市场定价、期限补贴。土地流转是现代农业市场化改革的产物,其本质是规模化经营者支付一定代价获取农户的土地经营权,是一种典型的市场交易行为,流转价格必须遵循市场定价机制(后文详述)。但考虑到烟叶产业综合体对集中连片烟地的长期稳定的特殊需求,可考虑由烟草企业联合其他经营主体设立"土地流转期限基金",其中,烟草企业可适当多出。该基金主要用于对长期流转土地的农户进行一定的补贴,以激励农户长期流转土地,保障经营主体的长期稳定用地。具体操作可采用按流转期限分段差异化补贴的方法。

(四) 土地流转定价机制

尽管学术界对土地流转价格进行了大量的研究,也提出了不同的价格形成机制或模型,但绝大部分是基于交易双方均为完全理性经济人假设的,要么假设交易双方能够完全认识到耕地的各种价值,要么假设市场是完全竞争的且双方均具有完全信息,从而导致得出的定价模型难以在现实中完全应用。事实上,在局部土地流转市场中,交易双方并不是完全理性的,也不可能具有完全信息,市场一般也不是完全竞争的,交易双方只能在有限理性下尽量为自身争取更大的利益。因此,价格确定既不可能完全符合价值规律,也不可能完全遵循均衡原则,而只能按照"两利相权取其重、两害相权取其轻"的原则进行交易行为的选择。

具体来讲,对于土地转出方而言,上述原则具体表现为农户必将在自营耕地所获收益和耕地流转所获收益之间进行比较,前者大于后者,农户选择不流转;后者大于前者,农户选择流转。对于土地转入方而言,则要求规模经营耕地纯收益至少必须大于零,这是其维持持续经营的基本要求,再从更宏观的角度来考虑,要实现农业现代化的可持续发展,则要求转入方规模化经营耕地的收益率至少应该等于社会资本的平均收益率。交易双方各自从自身利益角度出发得出的预期价格通常不相等,农户希望越高越好,转入方则希望越低越好,两者的预期价格如果有交集,则交易可能达成,土地流转价格应处于该交集中;如果不存在交集,则交易不可能达成。而如果存在交集,最终达成的交易价格具体为多少,则由交易双方的谈判势力决定,谈判势力包括市场势力和非市场势力两部分。首先,市场势力主要由供求的价格敏感程度(供求价格弹性)决定,弹性越大,谈判势力越强,因为弹性越大,价格变化时供给量或需求量的变动越大,进而可迫使对方接受有利于己方的价格。而供求价格弹性则主要由商品对交易双方的效用及双方拥有的财富水平来决定,前者与弹性成反比,后者与弹性成正比。其次,非市场势力一般主要由双方的军事实力(或支持)、政治权力、组织化程度、舆论能力决定,四者均与谈判非市场势力呈正比关系。最后,双方的市场势力和非市场势力之间存在相互促进的作用,市场势力强的一方,可以在收入分配中占据有利地位,从而更有实力增强自身的非市场势力,反之亦然,因此,不考虑其他因素时,双方的谈判势力具备自我强化的特征。

考虑到各综合体实际情况有所不同,因此,我们仅考察土地流转的区间价格决定机制,对于谈判势力对最终成交价格的影响只做一般性分析。

首先,确定农户自营耕地所获收益(TU_1)的表达式。由于我国传统农业生产是以粮食种植为主的,因此,假定农户自营耕地均为粮食种植。则农户自营耕地收益为农户种粮总收入(TY_1)减去农户种粮总成本(TC_1),其中,农户种粮总收入主要包括粮食种植的生产性收入（TY_{11}）和从国家获取的种粮补贴（TY_{12}）；农户种粮总成本则主要包括粮食种植过程中投入的种子、化肥、农药、农机服务费用等生产性成本（VC_{11}）和农户由于务农而带来的机会成本（OC）。需要说明的是，生产性成本里我们主要考虑的是可变成本，至于粮食种植中的固定成本则不予考虑，这是因为农户自营耕地时土地不需要费用，田间道路、水利灌溉等农田基础设施则主要是计划经济时期以公社为单位建设的，基础设施的日常基础性运营管护则主要是由政府财政负担的，农户并不需要支付费用，而受限于耕地面积过小的现实，农户家庭少有自行购置大型农业机械的，不存在机械设备的折旧费用，少量需要农业机械的则主要通过购买农机外包服务来完成，故将其计入可变成本。由此可得农户自营耕地所获收益为：

$$TU_1 = TY_1 - TC_1 = TY_{11} + TY_{12} - (VC_{11} + OC)$$
$$= TY_{11} - (VC_{11} + OC)$$

其中，TY_{12} 为零，主要原因在于我国出于粮食安全考虑，确实存在对粮食生产进行补贴的正向激励，但当前该补贴主要面向合作社、农业产业化龙头企业等规模化粮食生产者，故此项统一设定为零。

其次，确定农户流转耕地所获收益（TU_2）的表达式。同样，该收益由农户流转耕地总收入（TY_2）减去农户流转耕地总成本（TC_2），其中，农户流转耕地总收入包括两个部分：一是从转入方获得的土地流转租金（R）；二是农户将耕地流转出去后从事其他工作所得的收入（TY_{22}），这部分收入实际上就是农户自营耕地的机会成本，即 $TY_{22} = OC$，关于这一收入，大多数学者支持应采取当地城镇居民平均工资或当地农民到外省打工所获的平均收入来衡量，理由是农户如果不经营耕地，则主要是进入城镇从事非农产业工作，本书认为，农民进入城镇从事非农产业工作，虽然收入会有较大的提高，但同时也意味着农民将背井离乡，无法像在老家务农一样照顾家庭，因此，不能单纯用外出务工的经济收入来衡量自营耕地的机会成本。相反，用农民流转土地之后在规模化经营组织内务工所获收入来衡量更为准确，这一收入剔除了工作地点变化对农民生活、家庭等方面的影响。但需要注意的是，流转土地后，能够进入规模化经营组织务工的只有一部分人，因此，该机会成本应采用单个农民的务工收入乘以有务工人员的家庭户数占全部流转土地农户家庭户数的比例进行调整。农户流转耕地总成本则主要是机会成本，即耕地不流转而自营所能获得的收入，包括自营耕地的生产性收入（TY_{11}）和从国家获取的种粮补贴（TY_{12}），由于 TY_{12} 设定为零，故 $TC_2 = TY_{11} = TY_1$。据此，整理可得农户流转耕地所获收益为：

$$TU_2 = TY_2 - TC_2 = R + OC - TY_{11}$$

最后，确定土地转入方的规模经营耕地纯收益（TU_3）的表达式。该收益由土地转入方规模化经营耕地所获收入（TY_3）减去总成本（TC_3）确定，其中，规模化经营耕地所获收入包括生产性收入（TY_{31}）和政府发放的补贴（TY_{32}）两部分。而其总成本则包括以下三个方面：一是种子、化肥、农药、人员工资、农机服务费用或农机折旧费用①等生产性成本（VC_{31}）；二是支付给土地转出方的土地流转租金（R）；三是支付给规模化流转中介组织的中介费用（Q）。据此，可整理得到土地转入方的规模经营耕地纯收益为：

$$TU_3 = TY_3 - TC_3 = TY_{31} + TY_{32} - (VC_{31} + R + Q)$$

确定好以上三种收益之后，分别从土地转出方和转入方两个主体进行收益比较分析，以判断双方的行为选择，其基本准则为上文中的"两利相权取其重、两害相权取其轻"，据此判断土地流转租金（R）的取值区间，构建土地流转的区间价格模型。

先看土地转出方，可以很简单地判断出，其是否愿意转出耕地经营权取决于 TU_1 和 TU_2 之间的比较，若 $TU_1 > TU_2$，农户选择不转出耕地；若 $TU_2 \geq TU_1$，农户选择转出耕地。将上述收益表达式代入，则可知农户愿意转出耕地经营权的条件为：

$$R \geq 2(TY_1 - OC) - VC_{11}$$

---

① 部分种养大户自身也并不直接购买大型农业机械而是购买农机服务，此时为农机服务费用；部分规模化经营者则自行购买相应农业机械，此时则为农机折旧费用。此外，规模化经营通常要求对流转土地进行一定的整治，如平整土地、整修灌溉水渠、修建机耕道等，但实践中，通常会由中介组织通过申请高标准农田建设项目资金完成，既符合相应农业政策要求，又可以增加对规模化经营者的吸引力。

再看土地转入方，其选择是否愿意流入土地进行经营取决于 TU_3 的大小，有两种情况：一是规模化经营者不亏损并能够维持持续经营，即 $TU_3 \geq 0$，这是最基础的要求；二是规模化经营者的收益率达到甚至超过社会平均利润率（APM），即 $TU_3/TC_3 \geq APM$，这样能促使农业规模化经营对社会资本产生强大吸引力，促进资源向农业产业集中，进而推动农业现代化发展。考虑到烟叶产业综合体对土地流转的特殊需求（首先必须保证烟叶原材料足额稳定供给），本书选择第一种情况进行分析，可知规模化经营者愿意转入耕地经营权的条件为：

$R \leq TY_3 - VC_{31} - Q$

可见，以上公式限定了耕地流转价格的最低限，是转出方能够接受的最低流转价格；限定了耕地流转价格的最高限，是转入方能够接受的最高价格。同时，最低价格主要由转出方决定，最高价格主要由转入方决定。因此，还必须对其进行比较，若 $2(TY_1-OC)-VC_{11} > TY_3-VC_{31}-Q$，则意味着转入方能够接受的最高价格还达不到转出方的最低期望，土地流转谈判无法进行。相反，若 $2(TY_1-OC)-VC_{11} \leq TY_3-VC_{31}-Q$，则意味着转入方能够接受的最高价格与转出方的最低期望价格之间还存在一定讨价还价的空间，土地流转能够实现，最终的现实流转价格则需视双方谈判势力决定，但可以肯定的是，价格必然处于两者之间，即 $2(TY_1-OC)-VC_{11} \leq R \leq TY_3-VC_{31}-Q$。

土地流转的区间价格模型确定了流转价格的范围，但还不是最终的成交价格，最终成交价格如何还需要视双方的谈判势力而定，一般而言，对于一般工商资本与农户间的土地流转来说，农户谈判势力较弱，工商资本出于利益最大化考虑会采用各种手段促使最终成交价格偏向于价格低端。但烟叶产业综合体与普通工商资本下乡不同，由于烟草行业的特殊性，土地流转双方的谈判势力对比发生了一定的改变，整体来看，转出方的谈判势力将得到一定的增强，故贵州烟叶产业综合体内的土地流转价格稍高，转出方（农户家庭）的收益在横向比较上较高。

首先，贵州烟叶产业综合体所面临的土地流转市场正在向卖方市场转变，致使土地转出方谈判势力得到一定的增强。传统上，在我国土地流转市场上，转出方往往是分散农户，他们由于组织程度低、市场能力差，经常处于谈判弱势地位，难以获得应有的利益，再加上小农生产的效率低于其他产业，在流转市场上转入方处于绝对主导地位。但随着我国乡村振兴战略的实施以及农业现代化发展进程的加快，越来越多的城市工商资本进入农村，以其资本、技术、管理优势参与农业产业化经营，转入方之间的竞争越来越激烈，但土地流转的供给，尤其是集中连片的优质耕地是有限的。因此，土地流转市场上转入、转出双方的市场地位正在悄然发生转变。再加上烟草行业对规模化连片集中土地的需求具有一定的刚性，贵州烟叶产业综合体内转入方的市场势力较其他工商资本而言更弱，在土地流转交易谈判中间接增强了转出方的谈判势力。

其次，通过中介进行土地流转在降低交易成本的同时也提升了分散农户的组织程度，导致转出方的谈判势力得到一定的增强。前已述及，烟草产业的现代化发展要求烟叶种植必须采用连片集中的规模化种植，所需耕地不是一家一户的农户能够提供的，转入方若单独与每户家庭进行谈判则交易费用极大，必须引入中介组织。综合各方面因素考虑，贵州烟草综合体选择引入由当地村镇党支部领办的合作社为中介，一方面借助该中介组织具有密切的党群关系且熟悉当地的便利极大地降低了土地流转的交易费用；另一方面也将当地的分散农户有效地组织起来，从而增强了土地转出方的谈判势力。

最后，国家乡村振兴战略的实施和烟草行业的特殊性强化了农户的非市场势力。当前，乡村振兴已成为国家重大发展战略，社会各界多渠道全方位助力乡村发展已经成为共识，政府出台的政策也引导着社会资源向农村地区倾斜。在这一宏观背景下，农户家庭作为农村最重要资源（土地）的经营权所有者，地位得到了提升。再加上烟草属于我国专卖行业，其经营目标天然就必须承担更多的社会责任，响应国家发展战略的号召，助力乡村振兴是应有之义，这也使贵州烟叶产业综合体在土地流转方面不能像其他工商资本一样单纯地追逐利润最大化，从而间接使转出方势力在双方谈判势力对比中得到了一定的改善。

（五）土地流转风险防范

为了维持土地流转和烟叶生产的长期稳定，必须对土地流转过程中的各种风险有清晰的认识，并采取合理的措施进行防范。

（1）违约风险及其防范。违约风险包括转出方和转入方违约风险。其中，转出方违约风险主要指土地转出方在土地流转期间由于各种原因不遵守契约，对转入方的生产经营进行阻碍或破坏，从而造成转入方无法继续经营的风险，造成这一风险的根本原因在于农户对于流转收入的不满意和部分农户的嫉妒心理。关于该风险的防范，一方面，综合体要多方式、多渠道、全方位支持规模化经营者生产，努力拓宽土地流转区间价格的跨度，鼓励规模化经营者适当让利，构建土地流转价格合理增长机制；另一方面，综合体应全力推动土地流转程序的规范化，要求涉及的各方在交易中签订正式合同，发挥正式合同的法律约束效力。同时，加强与当地村镇或合作社的沟通与联系，灵活运用它们与当地农户之间非正式社会关系约束效力。转入方违约风险则主要指土地规模化经营者不按时足额支付流转费用的风险，为防范该风险，综合体应考虑在信息化管理过程中增加信用体系模块，将经营者的违约行为记入其征信记录中，并将征信记录作为获取经营资格、发放相应补贴、确定产品收购价格等方面的参考，从而加大经营者违约成本。同时，还可以考虑推行保证金制度或"烟企+农产品销售企业"托底制度，以保障农户能够及时、足额地拿到土地流转"租金"。

（2）市场风险。市场风险主要指土地规模化经营者在土地流转期间生产的农产品受到市场价格波动的影响，从而导致经营出现亏损，无法继续经营。关于该风险，综合体主要通过支持经营者的生产和销售的手段进行防范。首先，综合体积极争取政府部门财政涉农资金和金融部门信贷资金的支持，推动村集体或合作社在规模化经营者流转土地之前开展高标准农田建设，改善土地生产建设水平，从而降低规模化经营者的生产成本。其次，支持经营者提高产出水平。综合体通过开展生产技术培训、推广轮作茬作制度、实行产业分工协同、合理利用闲置生产设施等措施，全面支持经营者提高土地产出率。再次，保证农产品能够销售出去，综合体内烟叶由烟企统一收购，非烟农产品则通过引入农业销售龙头企业采用订单式生产，并充分利用烟草企业"农、工、商、零、消"五位一体的销售渠道，通过黔彩新零售进行实体辅助从而完成销售，同时，鼓励经营者充分利用发展"互联网+"营销渠道。最后，尽量避免价格波动风险。烟叶价格由烟企在产前确定，波动性不大，综合体鼓励烟企适当提高收购价格，鼓励烟企对经营者进行适当的规模化生产补贴，而非烟农产品的价格也在经营者接受订单前就已确定，综合体鼓励农业销售龙头企业向生产者提供"保底收购+市场浮动"的生产订单。

（3）自然风险。自然风险主要指规模化经营者在生产过程中遭受自然灾害导致歉收甚至绝收带来的风险。关于这一风险，一是充分利用涉农资金和政策，全力改善农业生产条件，积极推行农业科技应用，提升农业抗灾水平；二是大力推行农业保险制度，通过保费补贴方式鼓励经营户投保。

（4）耕地非粮化风险。耕地非粮化风险主要指由于粮食作物种植的效益比经济作物种植效益低而导致的农业生产"非粮化"倾向带来的粮食安全风险。烟叶生产不能影响"米袋子""菜篮子"，但烟叶种植又确实需要占用粮蔬种植用地，为解决这一矛盾，烟叶产业综合体以"烟叶强、烟区美、烟农富"为总体目标，结合地方资源禀赋，大力推广以烟为主，融合"水稻+"、蔬菜、食用菌等多产业配套发展，推广"两年四熟"轮作茬作种植模式，其中，水田第一年种植"烤烟+特色蔬菜（其他经济作物）"，第二年则种植"水稻+特色蔬菜"，旱地第一年种植"烤烟+特色蔬菜"，第二年种植特色蔬菜。此外，综合体还鼓励各类经营主体充分利用主导产业生产设施空闲期，积极开展特色果蔬菌等特色种养产业，进一步丰富粮蔬生产。

三、适度规模经营实证分析

农业规模化经营与社会化服务是相辅相成的，没有农业的规模经营，社会化服务将失去服务对象；反之，没有社会化服务，农业的规模经营将失去服务支撑。两者的相互协调既是现代烟叶产业综合体发展的内在要求，又是新型农业经营体系建构的重要内容。

（一）农业适度规模经营的含义

为了激发农业生产力，我国农村自改革开放以来一直采取的是小农分散经营的生产模式，由于人多地少的现实约束和土地平均分配的制度安排，农户家庭作为农业经营主体，所经营的土地规模小、地块分散零碎的特征非常明显，导致农业市场化程度长期较低，"小农分散生产"与"大市场"之间的矛盾日益突出，农业生产效益低、农民收入增长难、农村发展落后等问题已经成为制约我国经济持续高质量增长的问题。在这样的背景下，深化土地制度改革、培育新型农业经营主体、促进农业规模化经营就成为必然的选择。事实上，早在1986年，中央一号文件就明确提出了"鼓励耕地向种田能手集中，发展适度规模的种植专业户"，此后，农业规模化经营的政策导向一直未变，农业规模化经营的实践也在全国各地广泛开展起来，其形式和内容也丰富多彩。早期，农业规模化经营是以新型农业经营主体土地集中经营为主要形式的，出于追求规模报酬、提高资源利用效率、获取政策支持等各方面因素的考虑，新型经营主体往往片面追求土地规模。但随着各地农业规模化经营实践的发展，经营主体亏损跑路、农民利益受损等各种问题开始涌现，农业规模化经营开始出现新的趋势：一是农业适度规模经营开始取得共识，但到底多大规模才算适度并没有形成统一认识；二是适度规模经营应该是有多种形式的，当前，除了土地集中型适度规模经营之外，农业服务带动型的适度规模经营也发展较快。考虑到本书研究目的，且其他形式的农业适度规模经营发展时间还较短，其经营性质和方式与工商企业更为接近，故本书探讨的农业适度规模经营主要指土地集中型的农业适度规模经营，即土地适度规模经营。

从适度规模经营的实现方式来看，土地适度规模经营仅从土地这一种投入要素的规模大小或利用方式的调整来实现，而农业适度规模经营则涉及农业土地、劳动、技术、资本等生产要素的优化配置，产前和产中及产后诸环节的合理组织，以及一二三产业间的融合等多种方式来实现，而且每种方式又有多种不同的具体实现形式。农业适度规模经营的实现形式比土地适度规模经营更丰富。农业适度规模经营应是以家庭经营为主导的适度规模经营。[①] 李琴将农户基于耕种能

---

① 宋小亮，张立中. 什么是农业适度规模经营——兼论与土地适度规模经营的关系[J]. 理论月刊，2016 (3)：156-161.

力计算的农地最优规模作为农户适度规模经营的最低标准，因为这是农户实际可以达到的规模。经测算发现，西部地区户均适度经营规模的最低标准为11亩左右。从机会成本的角度出发，将使农户种地年收入与其家庭强劳动力外出务工所获得的非农受雇收入相同时的经营规模作为适度经营规模的上限。在西部平原地区，人均适度规模经营面积为33亩，而在丘陵地带和山区，人均适度规模经营的面积分别为22亩和17亩。按照每户2.5个劳动力计算，贵州烟叶产业综合体以家庭经营为主导的适度规模应在28～83亩。

显然，土地适度规模经营的内涵主要体现在"适度"上，即多大规模的土地经营才是合适的。对此，学界有不同的观点：一是关于农民收入水平的观点，即土地经营的最低规模应该使经营者的年收入不低于当地农村平均收入水平。二是关于生产力水平的观点，即土地经营的规模应该符合当时当地的生产力水平，如劳动力的最大耕种规模、农业机械作业的最佳规模等。三是关于经济效益最大化的观点，即土地经营规模应该使农民耕种的边际收益等于边际成本。四是关于资源禀赋的观点，即根据当地的土地资源禀赋状况决定土地经营的规模，人均土地资源多的地方其经营规模就大，反之则小。五是关于劳动力转移的观点，即土地经营的规模取决于劳动力转移的多少，劳动力转移多的地方其土地经营规模就大，反之则小。

上述观点从不同的视角阐释了适度规模的决定方式，有助于加深对"适度"的理解，但也都存在不同程度的局限性。讨论适度规模经营是建立在将农业生产视作市场经济行为的基础上的，而市场经济行为的本质目的是追求经济效益最大化。因此，农业适度经营规模的决定基础应该是经济效益。根据经济学原理，在一定技术水平条件下，当生产者的边际收益等于其边际成本时，各生产要素的配置达到最优，生产者获得最大利润，此时的生产规模对生产者而言是最优的。显然，这是将生产者的生产过程和经营过程视为同一个过程，这是因为经济学中的生产者通常是以工业企业为蓝本的，其生产过程是纯粹的经济生产过程，是完全由技术因素决定的，生产者在哪个区域，其生产区别不大，同时，产品价格也相对稳定，因此，由产出水平和产品价格共同决定的边际收益曲线相对也比较明确且容易导出。但与工业生产不同，农业生产是典型的经济生产和自然生产过程的结合，自然因素在很大程度上决定了农业生产过程，且农产品的价格波动也相对更为频繁且呈蛛网形，农业生产的边际收益曲线更为复杂且难以确定。据此，本书认为，在确定农业适度经营规模时有必要将生产过程和经营过程区分开来。在生产过程中，追求的是在一定的生产技术水平和特定的地理条件下，实现各投入要素（土地、劳动力、资金和技术）的有效配置，即在实物形态上实现投入产出的生产有效，从而使各农业生产要素实现优化配置。一般来说，生产过程中有效的要素组合通常不止一种，存在实现生产有效的多种不同的土地规模，最终选择哪种规模还需要看生产过程之外的经营过程。

在经营过程中，需要考虑农业生产经营的特殊性以及我国农业还较多地承担了社会和文化功能的特殊性，经营主体面临的内外部环境对适度经营的规模也存在较大的影响，因此，我国农业适度规模经营的"度"应在经济效益最大化的基础上充分考虑内外部环境的影响来综合确定。包括但不限于以下因素：一是市场风险，当生产的农产品价格风险较大时，规模可适当缩小；当农产品的价格确定性较高时，规模可适当放大。二是与农村社区的融合程度，当经营主体与当地农村社区的融合程度较高时，其生产经营受到的干扰就较少，可适当扩大经营规模；否则应适当缩小。三是要素获取的难易程度，这里所谓的要素获取难易程度是基于价格之外的其他因素进行的考量，如劳动力大量转移导致用工困难、农户出于非经济因素而不愿意流转土地等，当要素的获取难度较高时，应适当缩小经营规模；反之则可适当扩大规模。

（二）适度规模经营的理论分析

1. 适度规模经营考察的是种烟主体的适度烟叶种植规模

与一般农业产业化经营主体不同，贵州烟叶产业综合体是贵州烟草行业现代化高质量发展的重要载体，承担着稳定烟叶供应和助力乡村振兴的历史使命，"多方共建、多人共舞、多业共生、多端共享"的经营理念决定着贵州烟叶产业综合体在农业规模化经营中的目标并不是追求经济利益最大化，而是在稳定烟草企业原料供应的基础上追求经济效益、生态效益、社会效益的综合效益最大化。

因此，如果仅从经济职能角度考虑，烟叶产业综合体本身有其经济意义上的适度规模，但如果从综合体承担的社会、生态等非经济责任角度来考虑的话，显然应该是规模越大越好。可见，贵州烟叶产业综合体适度规模经营并不是指综合体自身的规模问题，而应该是综合体内的其他利益主体。考虑到尽管承担着多样化的职责和使命，但贵州烟叶产业综合体毕竟是"以烟为主"的，保障烟草公司的烟叶供应是其存在的基础，从这个意义上讲，应该重点考察综合体内的种烟主体，至于非烟种养主体和其他利益主体则暂时不予考虑。此外，为了更充分地利用资源、更好地促进农民增收，贵州烟草综合体内的种烟主体一般采用轮作茬作方式进行非烟农业产业的生产，但也必须是在完成烟叶种植的基础上才能开展的。因此，本书所考察的适度规模是仅就综合体内种烟主体烟叶种植而言的适度规模。

2. 种烟主体的烟叶生产经营效率是确定适度规模的基础

就烟草公司而言，其首要目的就是保障烟叶供应，而烟叶供应则需要以一定的烟叶种植规模为基础，但烟叶种植规模并不是越大越好。从生产角度来看，烟叶种植规模由烟叶计划需求量和单位面积土地产出量决定。一般而言，烟叶计划需求量并不由经济因素决定，而由烟草行业特殊性质决定，因此，在考虑适度经营规模的决定时应将其视作外生变量。在外生需求量已定的情况下，烟叶种植主体在生产过程中的效率越高，单位面积的土地产出量就越高，生产定量烟叶所需的土地就越少，不仅可有效节约烟草企业成本，还能通过节约土地占用量促进烟草企业更好地履行集约高效发展、助力粮食安全等方面的社会责任，从而实现烟叶产业综合体的高质量现代化发展。另外，考虑到贵州烟叶产业综合体内烟叶生产的组织方式为"多主体种植+烟草公司统一收购"模式，本书的适度规模应以综合体内单个烟叶种植主体的生产效率最优为基础，即相同投入下的产出最大化或既定产出下的投入最小化。

基于以上考虑，最优的经营规模应是在这一规模下，烟叶种植主体能够最有效率地整合土地、资本、劳动等生产要素，从而实现生产效率的最优化。为确定这一最优规模，本书拟将不同经营规模的种植主体视作同类型组织，采用合理的方法测定其生产效率，从而找出最有效率的一类，将其所对应的经营规模作为贵州烟叶产业综合体内烟草种植的最优适度规模。

3. 烟叶产业综合体的内外部发展环境对适度规模具有重大影响

前已述及，农业产业化经营的适度规模并不是一成不变的，其本身就具有动态发展的特性，随着生产组织形式、农业生产技术、生产要素供给、市场供求关系等内外部环境的变化，原有的适度经营规模可能不再是最优的，因此，在确定贵州烟叶产业综合体的适度经营规模时还需考虑内外部发展环境的影响。与一般农业产业化经营主体不同，综合体内种烟主体面临的内外部环境相对较为简单一点，主要体现在烟草企业出于自身需要而为降低种烟主体面临的不确定性做了大量工作。首先，种烟主体的市场风险几乎不存在，烟草公司全额收购烟叶时价格事先确定，使种烟主体的市场预期非常稳定，几乎不存在市场风险。其次，烟草综合体承担的社会责任及烟草公司长期形成的良好社会形象使其与当地农村社区的融合程度较高，再加上综合体与当地政府和村集体的联合协调，种植主体的生产几乎可以不受任何干扰和阻碍。最后，综合体通过充分整合各方资源，大大降低了种烟主体的要素获取难度，如助力土地连片集中流转、鼓励农业生产性服务外包的发展、引导村集体合作社设立农业产业工人中心等。

（三）烟叶种植主体生产效率评价的实证分析

1. 评价方法选择

同类型组织（或项目、主体）的效率评价是经济社会生活中较为常见的一类问题，评价方法有多种，但应用最广的是 DEA 模型。该模型最早由美国学者 A. Charnes、W. W. Cooper 以及 E. Rhodes 于 1978 年共同提出，由于优良的适用性，该方法一经提出就吸引了众多的应用者，应用范围已快速扩展至经济、管理、社会、军事等各方面，且由于实际需要的多样变化，DEA 模型本身也取得了极大的发展，发展出了适用于不同场景的多种多样的 DEA 评价方法和模型。根据研究需要，本书拟采用 DEA 方法对各种植主体的生产经营效率进行评价，从而根据各自的生产经营效率的评价结果选择贵州产业综合体内烟叶种植的最优规模。

根据 DEA 评价原理，DEA 模型是将评价对象视作不同的决策单元（DMU），采用数学规划方法，直接使用决策单元的投入和产出数据进行决策单元相对有效性的评价。由于传统 DEA 模型已成为经典的评价决策单元生产效率的方法，此处不再赘述其原理。但考虑到 DEA 模型是以不同决策单元相对有效性为基础进行的评价，实践中常常出现多个决策单元同时 DEA 有效的情况，此时，传统 DEA 模型无法有效区分这些决策单元的效率差异。因此，本书在采用传统 DEA 模型对种植主体进行效率评价的基础上，再采用考虑变量松弛情况下的超效率 DEA-SBM 模型对种植主体进行评价，以确定传统模型中 DEA 有效的不同决策单元之间的效率差异，从而确定所有决策单元的最优效率。超效率 DEA-SBM 模型的应用也较为广泛，此处同样不再赘述其原理。

2. 数据来源及指标选择

（1）数据来源。自 2019 年贵州烟草公司推进烟叶产业综合体建设以来，各综合体均已取得了较好的经济效益、社会效益和生态效益。其中，遵义市枫香花茂烟区产业综合体是其中的典型代表，对贵州烟叶产业综合体内种植主体的规模经营借鉴意义较大。因此，本书选择枫香花茂烟区产业综合体烟叶种植主体作为研究对象。为了探究该综合体内烟叶种植主体规模经营的效率及其适度经营规模，在预调研基础上，笔者于 2023 年 3 月对其种植主体 2022 年的经营状况进行了调研。调研根据随机抽样原则，共选取了 38 户种植主体，通过查阅烟草企业黔彩云终端交易数据结合入户访谈的方式，对各种植主体的交售数量、总收入、种植面积、烟用物资投入、机耕投入、烘烤投入、分级费、人工投入等方面的情况和数据进行了收集。

（2）评价指标选取。由于 DEA 模型是在投入产出框架下对同类决策单元的相对效率进行分析的，其投入、产出指标的选取对评价结果有较大影响，因此，要求选取投入、产出指标时必须有充实的理论或实践基础。鉴于此，本书立足于贵州烟叶产业综合体调研的实际情况，将种植主体的烟叶种植过程视作一种商品生产行为，并根据经济学中相关生产函数理论进行指标的选取，具体如下：

投入指标的选取：由于考察的是贵州烟叶产业综合体内烟叶种植主体的最优种植规模，故在评价其生产效率时应仅评价其种植过程的效率，而不应包括烟叶成熟采收后的烘烤、分级等初加工过程的效率。因此，依据 C-D 生产函数，生产要素的投入包括技术、资本、劳动三个方面，考虑到农业生产中土地的特殊重要性，本书将土地投入纳入到投入指标中。同时，由于种植主体均在综合体内，各自的生产技术不存在显著差异，因此，将技术排除在投入指标之外。其中，资本投入包括"烟用物资投入""机耕投入"两个指标；劳动投入采用"人工投入"指标；土地投入则采用种植主体"种植面积"指标。

产出指标的选取：为更准确地评价种植主体的生产效率问题，本书认为在产出指标的选取方面不仅需要考虑产出的数量，还需要考虑产出的质量。在产出数量方面，本书选取种植主体的"交售数量"为指标，需要说明的是，种植主体最终向烟草公司交售的烟叶是经过了烘烤过程的烘干烟叶，而非直接采收的新鲜烟叶。交售数量看似还涉及产后初加工过程，但由于贵州烟叶产业综合体的烟叶生产在长期的发展过程中力求规范化、标准化发展，烟叶采收、烟叶烘烤等技术规范较为成熟，也较为统一，从数量角度看，烘干烟叶的重量与新鲜烟叶的重量之比较为稳定，因此，直接采用"交售数量"指标并不影响对种植过程效率的评价。在产出质量方面，一般来说，烟草公司对种植主体交售的烟叶是实行分级收购的，质量等级越高，其收购价格也越高，那么显然，如果某一主体在交售数量一定的情况下，其生产的烟叶质量越好，高价格的烟叶所占比重就越高，所能获得的销售总收入就越高，据此，本书还选取了种植主体的"总收入"作为产出指标之一。

（3）评价过程及结果分析。由于以单个种植主体进行分析，其结果比较零散，不足以有效揭示贵州烟叶产业综合体烟草种植规模经营的内在规律，更难以对其土地适度规模进行测度。因此，本书借鉴张忠明、张宏永、袁小慧等学者的研究成果，依据各种植主体的经营面积，利用系统聚类方法，将所调研的样本种植主体划分为 8 组，每组的指标值为该组内种植主体相应指标的平均值，结果如表 4-1 所示。从表 4-1 可以看出，随着种植主体土地投入规模的不断增大，相应的投入、产出指标值总体上也呈现出不断上涨的趋势。

表 4-1 不同种植规模贵州烟叶产业综合体种植主体投入和产出状况

规模类别（亩）	投入指标				产出指标	
	户均土地投入（亩）	户均烟用物资投入（元）	户均机耕投入（元）	户均人工投入（元）	户均交售数量（千克）	户均总收入（元）
5~10	9.20	2697.20	1048.00	12990.00	1127.23	37833.27
11~15	13.00	4567.33	1633.33	18606.67	1830.00	66343.08
16~20	18.56	5976.22	2498.89	26374.44	2232.85	76747.59
21~25	22.60	7511.40	2450.00	32930.00	2631.48	85951.72
26~30	29.00	9890.00	4420.00	41520.00	3337.35	135448.00
31~35	32.80	10973.40	4916.00	46786.00	4055.76	141781.73
36~40	38.00	13433.33	7600.00	52616.67	5538.90	194687.67
41~45	44.00	13828.33	7126.66	62288.33	5213.48	178520.39

注：根据调查情况计算所得。

一般来说，运用 DEA 模型对决策单元的生产效率进行实际评价之前，还需要对决策单元的投入和产出指标进行"同向性"假设检验，即当决策单元增加投入时，其产出量也增加，或至少不能减少。本书利用 SPSS 20.0 软件对各投入指标与产出指标的 Pearson 相关系数进行检验，结果表明，土地投入、烟用物资投入、机耕投入和人工投入与交售数量、总收入指标分别呈正相关关系，且各自的相关系数均通过了 1% 显著性水平的双尾检验，说明数据满足"同向性"假设。检验结果如表 4-2 所示。

表 4-2 贵州烟叶产业综合体种植主体投入和产出指标的 Pearson 相关系数

指标	户均土地投入	户均烟用物资投入	户均机耕投入	户均人工投入
户均交售数量	0.975056163*** （0.000）	0.987371137*** （0.000）	0.991899525*** （0.000）	0.968191722*** （0.000）
户均总收入	0.969317114*** （0.000）	0.987585051*** （0.000）	0.991029885*** （0.000）	0.962783915*** （0.000）

注：***表示变量通过 1% 显著性水平检验，括号内的值为显著性检验的 P 值。

将表4-1中的数据导入DEAP 2.1软件，选择产出导向的BCC模型，计算后可得各类种植主体的综合技术效率、纯技术效率、规模效率值及规模报酬状况，结果如表4-3所示。

表4-3 贵州烟叶产业综合体种植主体生产效率的DEA评价结果

组别	规模类别（亩）	TE	PTE	SE	规模报酬
1	6~10	1.000	1.000	1.000	—
2	11~15	1.000	1.000	1.000	—
3	16~20	0.908	0.935	0.972	drs
4	21~25	0.959	1.000	0.959	drs
5	26~30	0.943	1.000	0.943	drs
6	31~35	0.902	1.000	0.902	drs
7	36~40	1.000	1.000	1.000	—
8	41~45	0.907	0.988	0.918	drs
mean		0.952	0.990	0.962	

注：TE、PTE、SE分别表示贵州烟叶产业综合体种植主体综合技术效率、纯技术效率和规模效率；drs、—分别表示规模报酬递减和不变。

从综合技术效率角度来看，表4-3结果显示，贵州烟叶产业综合体各烟叶种植主体的综合技术效率的平均值为0.952，纯技术效率和规模效率的平均值则分别为0.990和0.962，共有3类主体达到综合技术有效，其种植规模分别为5~10亩、11~15亩和36~40亩，表明该三类种植规模的主体在现有条件下有效利用了土地、资本、劳动等要素，从而达到了烟叶种植的资源配置效率和规模效率最优。其余5类种植规模的主体的综合技术效率均小于1，表明其综合生产效率未能达到最优，其有的是由技术效率损失带来的，有的是由技术效率和规模效率均为非有效共同造成的。

从纯技术效率来看，贵州烟叶产业综合体内处于技术有效的种植主体共有6

类，整体的技术效率均值达到 0.990，说明综合体内各种植主体的纯技术效率整体上处于较高水平。贵州烟叶产业综合体在农业技术水平、要素整合能力和生产管理能力等方面表现较强，这与烟叶产业综合体大力整合各方资源促进生产、积极推广应用现代农业生产技术以及高度重视种植主体的专业技能培训等因素密不可分。以专业技能培训为例，贵州烟叶产业综合体高度重视烟农培训工作，长期坚持"以烟为主"原则，以稳定烟叶生产为目标，在烟地开沟起垄、烟苗井窖深栽、中耕培土、烟叶采烤分级和安全保管等环节，定期通过院坝会、现场观摩会、理论培训等方式对种烟农户开展培训，从而极大地提升了综合体内种植主体的技术效率，但数据也显示，技术效率仍有提升的空间。

至于规模效率方面，与纯技术效率相似，贵州烟叶产业综合体内种植主体的规模效率均值为 0.962，略低于纯技术效率但仍处于较高水平，说明种植主体的规模经营总体上较优，但也存在局部调整优化的空间。具体来看，就规模报酬变化情况而言，种植规模为 16~35 亩、40 亩以上的种植主体目前处于规模报酬递减状态，种植主体可适当缩减生产要素的投入水平，并在要素整合方面投入更多精力，从而提高资源配置效率，实现内涵式发展。特别值得一提的是，种植规模较大的那一类种植主体，即种植面积为 36~40 亩的种植主体，其纯技术效率和规模效率同时达到有效水平，显示出该类主体的经营素质较优。

根据传统 DEA 模型的评价结果可知，由于其是以相对效率为基础进行的分析，无法有效区分同时达到综合技术效率有效的决策单元的效率，本书中，传统 DEA 模型的评价结果显示，种植规模为 5~10 亩、11~15 亩和 36~40 亩的这三类种植主体处于综合技术效率有效状态，但无法区分哪一类主体更有效率。因此，还需要引入超效率 DEA-SBM 模型对贵州烟叶产业综合体各类种植主体的效率进行测算。

将表 4-1 中数据导入 DEARUN 软件，选择超效率 SBM 模型进行测算，结果如表 4-4 所示。

表 4-4　贵州烟叶产业综合体种植主体生产效率的超效率 DEA-SBM 模型评价结果

组别	户均土地投入-slacks	户均烟用物资投入-slacks	户均机耕服务费用-slacks	户均用工投入-slacks	户均交售数量-slacks	户均总收入-slacks	效率	排名
1	0.00	−109.99	0.00	0.00	0.000	0.00	1.0102	3
2	−1.94	0.00	−68.04	−2481.93	0.000	−4922.71	1.1226	1
3	1.55	0.00	361.72	2028.10	161.652	10060.42	0.8384	5
4	3.10	660.39	0.00	5019.94	113.530	13563.10	0.8229	7
5	2.46	565.20	1085.35	3532.07	398.830	0.00	0.8321	6
6	3.99	850.99	1296.11	5548.74	0.000	5251.94	0.8391	4
7	−0.15	0.00	0.00	−1985.70	−168.660	0.00	1.0260	2
8	4.64	0.00	2181.49	5953.63	327.140	22344.01	0.7982	8

注：slacks 表示相应指标的松弛变量。同时，为简便起见，对松弛变量取值保留小数点后两位，对效率取值保留小数点后四位。

从表 4-4 结果来看，在考虑了投入指标和产出指标的松弛之后，各类主体的效率值均发生了一定的变化。对于传统 DEA 模型中非有效的决策单元来说，其效率值进一步下降，这是剔除了环境因素和随机误差的影响后的结果。而对传统 DEA 模型中有效的决策单元来说，其效率值则有一定程度的增加，且有了大小的区别。

在超效率 DEA-SBM 模型中，综合技术效率最高值达到 1.1226，其所对应的种植规模是 11~15 亩，表明在该种植规模下，种植主体能够充分发挥自身能力，有效整合各项生产要素，从而使烟叶规模化种植的效率达到最优。其次是种植规模为 36~40 亩的种植主体，其综合技术效率值为 1.0260。再次是种植规模为 5~10 亩的种植主体，综合生产效率值为 1.0102。

（四）贵州烟叶产业综合体适度规模的确定

根据上述实证分析结果，贵州烟叶产业综合体内种烟主体生产有效的规模分别为 5~10 亩、11~15 亩和 36~40 亩，其中，最有效率的是 11~15 亩，其次是 36~40 亩，再次是 5~10 亩。首先，仅从效率大小的比较来看，贵州烟叶产业综合体的种烟主体的适度烟叶种植规模的最优值应为 11~15 亩。其次，前文已经说明，生产有效仅是确定适度规模的基础，最终的适度规模还必须考虑环境因素。考虑到贵州烟叶产业综合体采取了多种措施使种植主体面临的环境相对比较简单，种植主体生产经营的不确定性较低，可考虑适当扩大经营规模，从这个角度来看，36~40 亩的经营规模应该是更合适的选择。最后，贵州烟叶产业综合体是特殊的农业产业化经营主体，其运行目标是在保障烟草公司烟叶供应稳定的基础上助力农民增收和乡村振兴，一般企业对原材料的需求是完全由市场因素决定的，而烟草公司的烟叶需求有其特殊性，通常表现出更强的计划性特征，是相对比较稳定的，这也就意味着烟叶产业综合体的烟叶需求量在一定期间内是固定的。因此，在有效率的生产条件下，若单个种植主体经营的面积越大，所需的烟叶种植主体数量就越少，烟叶产业综合体发展所能惠及的对象就越少，其社会责任的履行效果就相对更差。因此，适度规模的确定还需考虑综合体内种烟主体数量方面的影响，有种烟意愿的主体越多，适度规模就应该相对越小；否则，适度规模就越大。

综合以上因素，贵州烟叶产业综合体的烟叶种植适度规模并不是固定的，各综合体要综合考虑所在地主体的种烟意愿。本书给出的结论是：当综合体内有种烟意愿的主体较多时，适度种植规模为 11~15 亩；当综合体内种烟主体较为缺乏时，适度种植规模为 36~40 亩。

四、适度经营规模模型分析

(一) 数学模型

龙头企业为了实现计划种植面积，根据价格和补贴的激励、农民对此的反应，达到目标规模。设单位面积产量的平均产量固定为 1，p 为单位面积平均收购价格，l 为单位面积补贴，A 为规模参数，S_0 为计划种植面积，c 为农民单位面积种植成本，r 为农民种植其他农产品的平均收入，即种植农产品的机会成本。设 v 为龙头企业通过加工农产品平均单位面积所得到的收入。

为了达到种植计划面积，龙头企业的目标是使实际种植面积与计划种植面积差距尽量小，在此情形下企业的目标函数为：$\pi_Y=(Ap^\alpha l^\beta-S_0)^2$。若企业的目标是最大化自己的利润，此时其目标函数为：$\pi_Y=vAp^\alpha l^\beta$。农民的目标是保证其利润$\pi_L=l+p-c-r\geq 0$。得到如下两个非线性规划问题：

规模差距最小模型：$\pi_Y=\min\limits_{p,l}(Ap^\alpha l^\beta-S_0)^2$ s.t. $l+p-c-r\geq 0$

利润最大化模型：$\pi_Y=\max\limits_{p,l}vAp^\alpha l^\beta-Ap^\alpha l^\beta(l+p)$ s.t. $l+p-c-r\geq 0$

对于规模差距最小模型，取$\alpha=\beta=1/2$，构造拉格朗日函数：

$L_1(p,l,\lambda)=-(Ap^{1/2}l^{1/2}-S_0)^2+\lambda(l+p-c-r)$

根据K-T条件，得到$p^*=\dfrac{c+r}{2}+\dfrac{\sqrt{A^2(c+r)^2-4S_0^2}}{2A}$，$l^*=\dfrac{c+r}{2}-\dfrac{\sqrt{A^2(c+r)^2-4S_0^2}}{2A}$，$S^*=S_0$ 或者 $p^*=l^*=\dfrac{c+r}{2}$，$S^*=\dfrac{A(c+r)}{2}$。

对于利润最大化模型构造拉格朗日函数，$L_2(p,l,\zeta)=Ap^\alpha l^\beta(v-l-q)+\zeta(l+p-c-r)$，根据K-T条件，得到：

$p^*=\dfrac{(c+r)\alpha}{\alpha+\beta}$，$l^*=\dfrac{(c+r)\beta}{\alpha+\beta}$，$S^*=A\left(\dfrac{(c+r)\alpha}{\alpha+\beta}\right)^\alpha\left(\dfrac{(c+r)\beta}{\alpha+\beta}\right)^\beta=A\left(\dfrac{c+r}{\alpha+\beta}\right)^{\alpha+\beta}\alpha^\alpha\beta^\beta$。

当$\alpha=\beta=1/2$时，同理有$p^*=l^*=\dfrac{c+r}{2}$，$S^*=\dfrac{A(c+r)}{2}$。

在最优种植规模模型中，无论是利润最大化还是与计划种植规模差距最小，公司给农民的收购价格及补贴之和等于农民的种植成本与机会成本之和。这说明，为了鼓励农民种植农产品的同时保证公司的种植规模或者利润，农民所得到的收购价格与补贴能够弥补其种植成本与机会成本。

这就要求政府与烟草企业制定合理的农产品收购价格和农业补贴机制，从而实现计划种植规模水平。为了维护农民的基本利益、提高农民和公司的利润、减小实际种植规模与计划种植规模之间的差距，制定农产品的收购价格和农民补贴时需要充分考虑估计农民的种植成本和机会成本。当农产品收购价格和农业补贴水平之和与农民种植成本和机会成本之和相当时，会达到计划种植规模水平。

（二）适度规模经营建议

从宏观、中观、微观等多层次出发制定实施农业适度规模经营的相关政策，并注意各层次政策之间的协调性。实施农业适度规模经营，既要为农户增加收入创造条件，促进土地的有序流转、农村劳动力的合理转移、农业技术的进步，又要着重培育新型农业经营主体，大力发展农业社会服务机构以及农业产业化，同时为一二三产业的有效融合创造条件。

鼓励多种形式的适度规模经营，因地制宜地选择合适的经营形式。应充分考虑烟叶产业综合体所在区域、农业产业、资源禀赋等实际情况，选择合适的实现路径，循序渐进地推进农业适度规模经营。地方政府应从宏观上加以把握和引导，在农业补贴、资金支持等方面给予大力支持。

注重土地适度规模经营的实施，以土地适度规模经营为基础推进农业适度规模经营。加强农业基础设施建设，明显改善农业生产条件，通过集中连片规模推进高标准农田建设，促进土地经营权有序流转。

在普遍提高农民综合素质的基础上，着重培育新型职业农民，提升农业经营主体的经营管理水平。农业经营者的生产经营能力是农业生产力中最主动、最活跃的因素，因此，必须加大对新型职业农民的培训和支持，由各省市财政及烟草企业每年拿出专项资金用于新型职业农民的培训、认定工作，并逐步建立健全新型职业农民教育培训、认定管理的长效机制和政策扶持体系，以提升农民的能力和水平。

第二节 多元产业协同机制（关键）

烟叶产业综合体以农民增收、企业可持续发展、促进科技成果转化为核心，以烟草种植为主，将非烟农业生产、科技、经营主体有效联合在一起，建立长期有效运行机制，规范产业经营。通过将产品、农资、信息、资金、政策、技术、设施、设备等各种要素有机系统地整合到烟叶产业综合体中，使各要素紧密联系、相互作用，实现产业内的要素高效整合、功能创新拓展、价值有机放大，多业共生。

一、横向产业融合

构建以烟为主、水旱轮作耕作制度，形成"一体一品"。围绕"基本烟田+多元产业""设施+多元产业"的布局，坚持生态、绿色、中高端定位，根据各烟叶综合体所处的自然与社会环境，建立稳定的"粮、蔬、烟+"种植制度，推动产业规模化、标准化和特色化发展。围绕产出高效、产品安全、环境友好发展方向，全程推行绿色生产方式，探索发展农产品个性化定制服务、农业众筹等新业态。

二、纵向产业延伸

在规模化种植的基础上，利用闲置收购站点和烤房等设施，开展农产品烘烤、加工、包装、存储等业务，逐步发展加工、物流、研发、服务等行业，实现产业链由线到面的转化，培育一批烟叶产业综合联合体，形成创新能力强、示范带动好的高效烟草特色农业产业集群，逐步形成产销一体、功能完善、产业链条完整的现代农业产业园，最大限度地增加农民在产业链各个环节的参与程度，从而更好地实现农民增收。

三、闲置设施共享

目前，贵州烟叶产业综合体规划区内烟区道路、育苗、烘烤、防灾减灾及田间废弃物临时收集等设施全覆盖，烟叶与配套产业田间生产综合机械作业率达85%以上。通过积极延伸农业生产加工链条，利用闲置设施，开展农产品加工、包装、存储等。利用现有烤烟烘烤设备，在烤房闲置期间，通过烘烤技术调整，利用烟用烤房实现农产品烘干。在苗棚闲置期间，以鲜品零售商需求为导向开展反季节农产品订单化生产。

四、专业服务共享

推行种植主体与服务主体共享制度。以烤烟合作社为实施主体，建立产业工人中心，充分吸纳农村管理能人、技术能人及优质劳动力，形成一支会管理、懂技术、高效率的产业服务队伍，以支撑各产业高效率、高质量发展。整合其他农业合作社及社会的农机具资源，提供代耕代种、统防统治、统收统销等全产业链的专业化服务。

第三节 产业分工协同机制（方法）

产业分工协同主要涉及龙头企业、种植主体、服务主体三个方面的协同。龙头企业以烟草企业和农业生产企业为主。种植主体包括种植专业户、家庭农场、合作社及小农户。服务主体主要包括保险金融机构、产业工人、商贸流通企业及农业绿色生态企业。各主体分工与协同如图4-3所示。

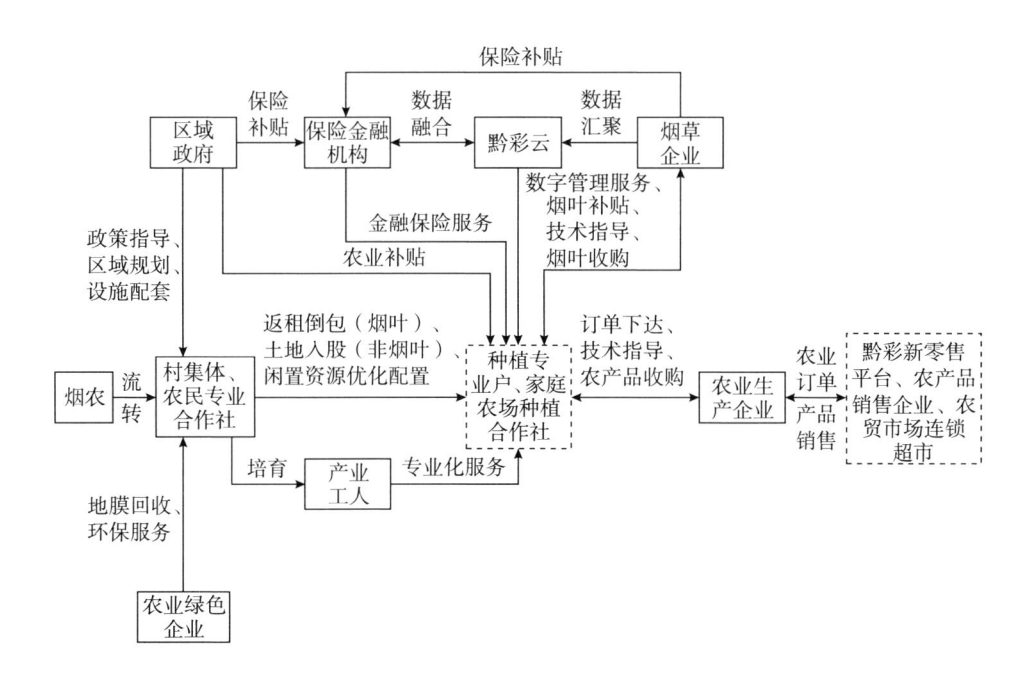

图4-3 烟叶产业综合体产业分工协同机制

在当地党委政府的统一领导下，开展产业综合体规划建设，包括村庄整治、建立农地膜临时回收站、土地流转等。在区委、区政府的统一领导下，出台专项工作方案，用于开展产业综合体内非烟农产品加工线、智慧农业设施、农地膜临时回收站等配套建设。

一、分工模式

采用"龙头企业+种植主体+服务主体"生产合作模式，利用烟草企业和涉农龙头企业的资金、技术和规范的管理模式，通过烟叶产业综合体进行专业化与产业化的农业发展。

二、龙头企业

烟草企业推动、主导，非烟企业参与。在政府的组织与指引下，依托智慧农业云平台，非烟企业采用烟草企业的订单化种植模式，非烟企业制定农业生产的产品标准并签订订单合同，通过非烟企业生产产品的标准带动地方农户参与农产品的规模化生产，非烟企业对农户的产前、产中、产后进行技术指导，提供多项支持服务，企业完成农户产品的收购、加工、存储与销售。龙头企业重点在于对标准化农产品进行深层次加工，提高农产品的附加值，打造特色的农业产品品牌，形成"规模+标准+品牌"农业全产业链模式。同时，龙头企业应该积极地与高校或者科研院所合作，研发新的产品，创新农业生产。

三、种植主体

种植主体主要包括种植专业户、家庭农场、种植合作社、农业公司等，依据农业企业以及产品标准要求，实现专业化种植与规模化种植。

四、服务主体

服务主体主要包括专业化服务合作社及产业工人。以烤烟合作社为实施主体，建立产业工人中心，围绕耕、种、管、收、销等农业生产环节开展代耕代种、统防统治、统收统销等全产业链的农业服务。按照"基本工资+计件工资"的分配制度，充分吸纳农村管理能人、技术能人及优质劳动力。

第四节 生态优先绿色发展（生态）

一、强化科技创新应用

依托成果转化园及相关科研院所，开展烤烟品种筛选、烤烟烘烤设备筛选、烤烟烘烤技术优化、全程机械化生产、烤烟和农业生产实用技术研究和农业产业展示，推动行业内外优秀科技成果转化，不断将科技成果有效转化为农业生产力。

二、深入践行绿色发展

以合作社为主体，开展地膜回收、生物质能燃料生产及生物质能烘烤。依托废弃农膜回收加工场，按照"户清除、社收集、站保管、场回收"工作模式，全面推广废旧农膜回收加工烟用育苗托盘工作。采取烟草补一点、财政投一点、烟农出一点"三个一点"的推广模式，全力推动生物质、太阳能、电能等多种形式的清洁能源烘烤设施改造，并由合作社全面推进一体化等专业化烘烤服务，确保有效降低烘烤劳动强度，烟叶烘烤质量稳步提升。建成投产生物质能燃料加工厂，有效利用规划区域内废弃木材、作物秸秆，逐步打造循环农业生产模式。烟叶产业综合体地膜回收流程如图4-4所示。

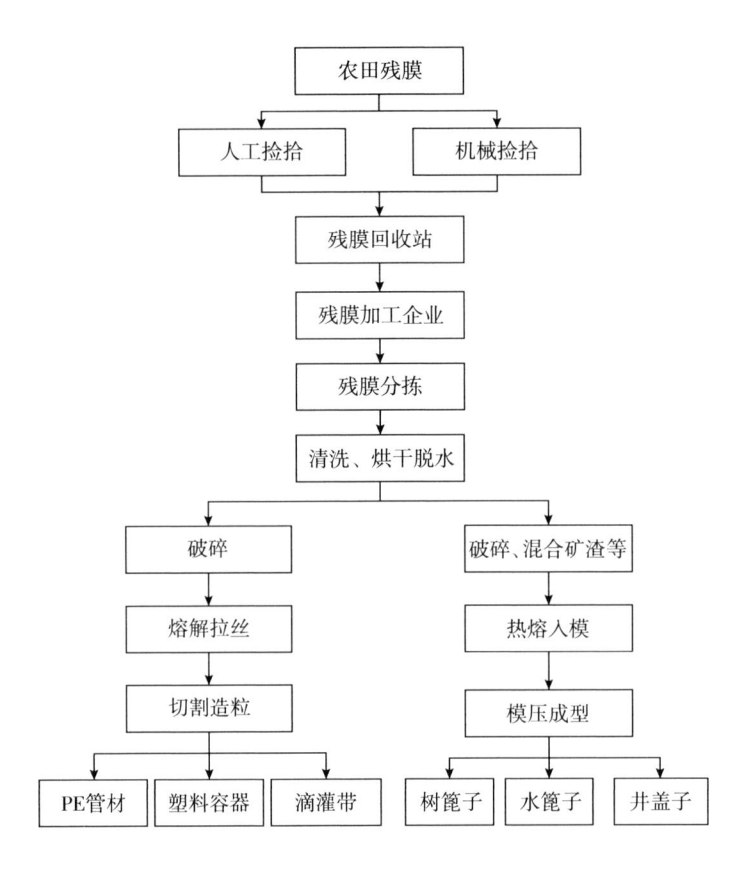

图 4-4　烟叶产业综合体地膜回收流程

三、狠抓绿色生产技术

一是坚持"农业防治为基础、生物防治为核心、物理防治为辅助、化学防治为补充"的综合植保方针。二是构建"保健栽培+天敌昆虫+性诱+生物农药统防统治"新型烟草主要病虫害绿色立体防控技术体系。三是全面落实"天敌昆虫+性诱+专业队统防统治"等防治措施。在烟叶产业综合体内全面推行绿色生产技术，达到无农残超标，确保烟叶等作物的安全性；烟叶烘烤100%实现清洁能源替代煤炭，减少二氧化碳、二氧化硫和粉尘等排放；100%对烟用废旧农用地膜进行回收加工再利用，减少白色污染；100%全面增施酒糟有机肥。

第五节 产业质量标准体系（保障）

一、目标引领，突出重点

高质量发展是新时代经济社会发展主题，烟叶产业综合体要坚持以推动农产品绿色化、优质化、特色化、品牌化发展为目标，着重构建一批优势农产品全产业链标准综合体，培育一批高素质标准化实施主体，打造一批高水平标准化基地，全面提升标准在提高农业发展质量效益和竞争力方面的基础支撑作用。

二、顶层设计，贯通全程

烟叶产业综合体全产业链标准化作为农业现代化的基础性制度，要围绕农业产业高质量发展，聚焦产业结构调整、农产品质量安全保障、品种优化、品质提升、生态环境保护、生产效率提高等关键环节，以产品为主线，以全程质量控制为核心，形成兼顾多层次标准应用需求、涵盖产业链全过程要素的标准综合体和协同实施方案，确保标准集成的全面性、标准实施的可操作性、效果评估的科学性、绩效评价的客观性。

三、协调优化，简明易行

开展烟叶产业综合体全产业标准化要注重对现有各层级标准的评估与利用，坚持"有标贯标、缺标补标、低标提标"的理念，健全国家和行业通用标准，完善地方标准，强化团体、企业等市场化主体标准供给，优化标准体系间与标准体系内各项标准的配套性、协调性、可操作性，提高标准化主体用标能力，提升标准综合体实施的整体效益。

四、因地制宜，示范带动

农业不同于工业及其他行业，农产品生产受环境、品种、气候等各种因素影响，因此，农业标准化有其特殊性。烟叶产业综合体全产业链标准化应综合考虑非烟品种特色、主产区域、种植模式、产品用途、产业发展水平等因素和条件，合理确定标准化对象、标准化实施目标和标准化适用措施，凸显农产品全产业链标准综合体的适用性和实用性，创建一批可复制、可推广的标准模式，打造农产品质量提升、产业转型升级、乡村功能拓展的典型样板，示范带动全国烟叶产业综合体全产业链标准化。

五、数字追溯，全程监管

依托黔彩云平台，构建真实完整并与市场准入相衔接的可追溯数字化生产体系，建立烟叶与非烟农产品和农业生产资料质量安全全程追溯协作机制、信息公开共享机制以及确保追溯信息的真实性和完整性的监督监管机制，鼓励农产品生产经营者以统一的追溯码为载体，建立以责任追溯为基础、质量安全追溯为目标的全程可追溯体系。依托数字追溯体系，建立覆盖全过程的农产品质量安全监管制度和运行机制，落实生产经营主体质量安全责任，健全以农产品质量安全标准为重点的农业生产监管制度体系，农产品质量安全检验检测体系，农产品质量安全风险评估体系，综合体农产品产地准出、市场准入、质量追溯、退市销毁等制度。落实生产档案记录制度和源头管控措施，加强农业投入品监管。建立农产品安全信息报送、通报和发布制度等。

第六节 产业工人培育机制（基础）

一、指导思想

围绕"以产业培育人才，以人才推动产业"的基本方针，以现代烟草农业高素质人才的能力培养为核心，以培养现代烟叶产业综合体发展急需人才为重点，坚持科学人才观，遵循人才成长规律，创新人才培养模式。根据烟叶产业

"种植在户、服务在队、管理在社"和非烟产业"种植在户、服务在队、经营在社（企）"要求，依托合作社建设以产业工人为主体的专业化服务队伍，围绕耕、种、管、收、销等农业生产环节开展多种形式的托管经营，提供代耕代种、统防统治、统收统销等全产业链的专业化服务。

二、培训对象

根据烟叶产业综合体产业链条生产、市场和销售各环节发展需要，培育专业大户、家庭农场主和农民合作社带头人等生产经营型职业农民，农业工人、农业雇员等生产技能型职业农民以及提供产前、产中、产后服务的诸如农业信息员、农村经纪人、农机服务人员、统防统治植保员等农业社会化服务人员。通过不断培养、吸纳、选择、再培养、输出等过程，筛选培养出复合型农业人才，最终形成紧密围绕烟叶产业综合体发展需要的包括农业专业人才、农业产业工人、农业复合型人才的现代农业生产经营者队伍。依托产业工人培训中心，全面掌握产业工人动向，按照农事操作次序，科学合理调配产业工人，保障各规划产业有序推进、高效生产。

根据现代烟叶产业综合体发展对产业人才的现实需求，从长远发展来看，要扶持返乡农民工和大学生（农二代、创二代）等"年富力强"的新型职业农民。从经济效益角度来看，要扶持懂经营、会管理、能将跨界理念和农业新型业态用活的复合型"强效辐射"的新型职业农民。从社会效益来看，要扶持农村种养能人、家庭农场主和农村干部带头人等"土生土长"的新型职业农民。

三、培训目的

由烟叶产业综合体主导烟草企业结合产业发展进行产业工人培训、培养、培育是烟叶产业综合体的重要职能和主要特色。以培育"以德务农""以法务农""以能务农"的未来烟草行业职业化农民为宗旨，以最终实现烟农现代化为发展目标，培养一支高素质新型产业工人队伍。

四、培养路径

烟叶产业综合体产业工人培养路径如图 4-5 所示。

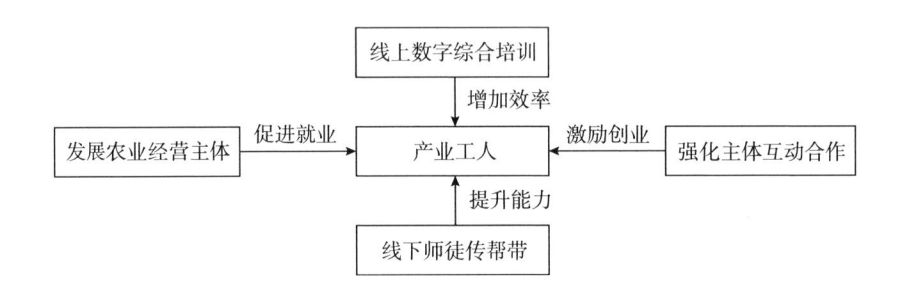

图 4-5　烟叶产业综合体产业工人培养路径

(一) 线上数字综合培训提高效率

建立现代产业工人培育平台。依托黔彩云数字化平台，创办线上烟叶产业综合体现代产业工人培育平台，组织国内外相关农业科学家、农业企业家、农业培训专家对现代农业经营主体和职业农民进行全程（全生命周期）的培育、培养和培训。

建立产业工人创业服务平台。创业服务平台为烟叶产业综合体内外各主体提供商业化服务。一是组织开办培训班，讲授农业领域创业知识技能，帮助烟叶产业综合体内外农业创业者避免创业的盲目性，提高创业成功率。二是帮助创业者形成自己的创业项目构想，并对其未来相关农产品、客户、市场发展前景和商业模式等做出明确的定位和发展规划。三是就创业者在创业实践中所涉及的知识、政策、法规以及各种常见的问题提供咨询和解答。四是为创业者分析和确定创业资金需求，协助完成创业融资所需的商业计划书，提供融资和引资方面的洽谈和对接服务等。五是采用回访调查、后期支持和长期顾问等方式，协助各经营主体创业者应对和解决创业实践中不断出现的新问题，帮助他们顺利起步以及改善家庭农场和农民专业合作社的经营管理。

建立产业工人就业服务平台。通过就业服务平台为烟叶产业综合体内外各主体提供公益性服务。一是职业介绍与人才引荐,建立相关数据人才库,为新型产业工人、农林在校毕业生提供就业渠道。二是职业技能培训,建立与干部继续教育工人岗位培训类似的新型职业农民全员经常性培训制度,帮助其适应农业政策调整、农业科技进步和农产品市场变化新要求,不断提高生产经营水平。三是技能认定管理,与当地农业农村局、农技站合作,建立相应的岗位技术认定标准,定期培训、考核,发放相应资格证书。

(二)线下师徒制"传帮带"提升能力

采取"传帮带"培训模式,成立专家帮扶导师组,组织实施"名师带高徒"活动,围绕综合体烟叶主导产业,筛选产业带头人与专家结对,采取办班讲课、实地指导、科技推广和项目合作等多种形式进行帮扶培育。成立产业带头人帮带服务团,组织实施产业工人"传帮带"计划。

(三)发展农业经营主体促进就业

结合现代烟叶产业综合体已有创新实践,继续重点培育独具贵州特色的家庭农场作为现代烟叶产业综合体产业化经营模式的核心细胞,将新型家庭农场集群作为现代烟叶生产体系的组织单元。根据现代烟叶产业综合体农业经营主体现状和发展趋势,重点发展三类新型农业经营主体:一是专业化、规模化、集约化经营的家庭农场、合作农场;二是具有合作生产、加工、营销功能的农民专业合作社和联合社;三是与农户和合作社结成利益共同体的产业化合作经营的农业龙头企业。通过发展扩大农业新型经营主体规模,促进产业工人就业,推动形成产业工人就业市场。

通过合理的利益分配和服务主体保险制度稳定产业工人就业。以多劳多得为基本原则,采取"保底工资+计件工资"相结合的分配制度,有力推进烟叶产业和配套产业在用工上实现互补,为培育相对稳定的产业工人提供保障。同时,也为合作社的发展奠定一定基础。通过建立服务主体保险制度,合作社根据各环节服务实际制定科学合理的用工价格提取管理费,统一为产业工人缴纳养老保险(含工伤保险),从而培育一批相对稳定的产业工人。

（四）强化主体互动合作激励创业

引导贵州烟叶产业综合体各主体、产业上下游各主体以及工商企业、科研机构和农民之间，通过土地、资金、技术、品牌等入股，或以合同制、订单制、委托制、代理制等方式，开展生产和服务合作，形成紧密的风险共担、利益共享的共同体。依托共同体促进各功能区有机联动与互动，形成融农业生产、农业加工、农业商贸、农业旅游等为一体的全产业链创业环境与平台，为产业工人拓展施展空间。采取合伙制管理，建立创新激励机制，探索以产业工人农业技术等人力资本入股，使产业工人成为现代烟叶产业综合体合伙人，分享资本收益。

五、扶持政策

（一）明确产业工人享受扶持政策的条件

逐步推进烟叶产业综合体农业从业人员准入制度，将大中专学历证书和农业经理人职业技能等级作为准入条件中的重要内容。家庭农场主、合作社社长应为职业农民。在合作社和农业龙头企业中，职业农民也应占一定比例。积极引导农超对接，订单农业的用人单位优先聘用持证人员。给予产业工人与其他人才队伍同等的待遇，如政府津贴、考察交流、专项奖金、公开表彰、免费培训等，让产业工人有影响、有地位、有荣誉，营造全社会关心、支持产业工人的浓厚氛围。

（二）建立终身学习培训的长效培育机制

由地方政府、现代烟叶产业综合体内企业等相关机构制订针对农村实用人才、新型职业农民、新型农业经营主体的专项人才培养计划，建立终身学习、终身培训的长效培育机制。

（三）创立产业工人培育基金

多渠道创立产业工人培育基金，用于支持大中专毕业生，尤其是农校毕业大学生、农二代、返乡创业农民工、农技人员和基层干部从事现代农业创业，以及新型农业经营主体在"互联网+"、创意农业、乡村旅游、民宿民俗、养生养老等农村新型业态方面的创新实践。

第七节 科技创新合作机制（驱动）

烟叶产业综合体科技创新合作机制主要由多元合作的创新主体、精干高效的科研团队、协同创新的科研机制、市场运作的转化机制、产业推动的服务机制及合作共赢的科研平台组成，具体如图4-6所示。

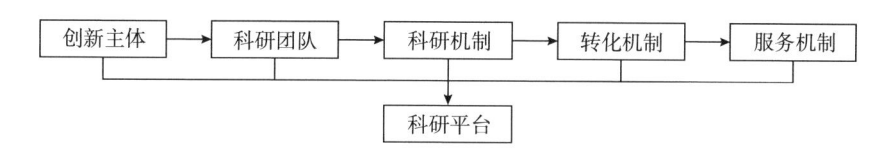

图4-6 烟叶产业综合体科技创新合作机制

一、多元合作的创新主体

烟叶产业综合体根据区域农业产业发展需求，围绕现代烟草农业发展中的共性、关键、重大科技问题，由烟草企业与非烟农业主导企业以知识产权为纽带，或者通过一定的共享机制，协同农业科研推广机构、社会力量等多方参与，构建多元合作科技支撑体系。同时，充分带动周边的农业组织和农业生产在农业技术创新方面的需求与活力。

发挥烟叶产业综合体在农业发展方面的创新先锋作用，不断完善农业科技市场高效运作模式，采用委托承包、技术购买、科技入股、股权激励、合作分红等方式，提升科技支撑方的参与意愿与潜能挖掘，及时高效地满足烟叶产业综合体科技支撑引领需求。这种创新主体多元合作的机制突破了传统农业科技创新主体单一的限制，统筹了给予积极引导支持的政府、善于经营管理的农业龙头企业、提供资金支持和服务的金融机构、提供技术和人才支撑的高校科研院所及进行生产经营的新型职业农民等主体。尤其是强化了企业科技创新的主体地位，打破企业和高校、科研机构的界限，建立跨界联盟，促进产学研贯通，推进产业链和创新链融合，加快使创新成果转化为现实生产力。

二、精干高效的科研团队

烟叶产业综合体以各个烟叶品类与非烟农产品为单元，由主导企业建立由首席专家、岗位专家和农技人员组成的科研团队，实行"金字塔"式的管理模式，层层落实责任信息双向传导，运转有序高效。首席专家主要负责本团队的组织协调工作，开展产业技术发展需要的基础性工作，解决产业技术发展中的重要问题，收集、监测和分析产业发展信息与动态，以及开展产业政策的研究与咨询、组织相关学术活动等，同时参与整个区域或综合体内发展规划和分年度计划的制订、区域发展状况及其贡献的评估。岗位责任专家主要围绕区域内本领域（产业）发展的目标和计划，开展科技项目组织实施、产业"瓶颈"技术协同攻关，指导、协调和监督各相应环节的业务活动，做好技术人员培训等。技术人员主要承接技术转移，开展产业集成技术的试验、示范和推广，培训科技示范户，开展技术推广服务，调查、收集生产实际问题与技术需求信息，监测分析疫情、灾情等动态变化并协助处理相关问题。

三、协同创新的科研机制

在烟叶产业综合体建设中，企业通过加强与科研机构合作，搭建攻关研发平台，集成和共享创新资源，实现创新资源的有效分工与合理衔接，突破农业立业共性和关键技术"瓶颈"。实施技术转移，加速成果的商业化运用，提升产业整体竞争力。具体可以有两种模式：一是烟叶产业综合体以高校科研院所的专家、技术、平台为依托，组建相应的工程技术研究中心，设定相应的工作机制，建设一批核心基地和加盟基地，集成高校科研院所的科技力量对产品分类、基地拓展、生产管理、全程检测等进行前瞻研究。烟叶产业综合体通过整合科技资源，提供优质种子种苗、安全投入品、科技培训、全程质量监控技术，进而辐射周边更多个紧密型或松散型的生产基地，促进科研与生产、科研与市场的紧密结合，实现科技服务产业、产业促进科技，产业面向市场、市场引导科研的良性循环。

同时，高校科研院所围绕烟叶产业综合体建设目标，在农业龙头企业的支持下，组建首席专家负责制的科研团队，根据烟叶产业综合体的产业链布局研发链和推广链，突破农业共性和关键技术"瓶颈"，实现创新资源的有效分工和合理衔接。地方政府、农业龙头企业和科研机构通过合作，建立集专业性、公益性、商业化、社会化等多层次于一体的新型农技推广服务体系，并全面带动和培育大量新型职业农民。

二是烟叶产业综合体组建自身的研究院，开展科技研发和技术服务工作，同时，类似于模式一，可以借助外部科技力量开展必要的研究与推广工作。

四、市场运作的转化机制

烟叶产业综合体以企业、股东、科技人员、用户、消费者等多方相关利益体都满意为目标，坚持农业科技成果转化的公益性服务与商业化运作相结合，既突出公益性，又明晰市场化运营模式。以企业为农业科技成果转化的主体，发挥市场在科技资源配置中的决定性作用，利用市场化机制打通科技支撑与产业发展之间的通道，解决科技与经济"两张皮"问题。科研机构的科技成果主要以许可方式对外扩散，鼓励以转让、作价入股等方式促进技术转移。

当地政府建立完善的科技成果转移工作体系，加强专业化的机构和职业化的人才队伍建设，强化知识产权保护、运营权责；建立有利于农业高新技术产业发展的资本市场，健全风险投资机制和撤出机制，规范风险投资市场行为，促进科技与金融紧密结合；建立配套的科技成果转化公共服务平台，包括各类中介评估评审机构及各类知识产权、专利交易、法律服务平台等，为烟叶产业综合体建设和运行提供良好的政策环境。

烟叶产业综合体依托与商业组织协同对接的平台优势，牢固树立农业科技创新活动的市场化导向，建立健全农业技术创新的激励机制，充分调动科技人员积极性。通过改革科技成果产权制度、收益分配制度和转化机制，激发科技人员持久的创新动力。通过创新科研评价机制和人才评价机制，让更多的优秀农业科技人才脱颖而出、一显身手。

烟叶产业综合体的先进性不仅体现在其生产关系的先进性，而且体现在其现代农业科技成果示范应用的先进性。因此，通过构建强大的农业科技支撑引领体系，把烟叶产业综合体打造成先进农业科技成果应用推广示范基地，突出烟叶产业综合体国际性发展视野，大力推广应用品质卓越、营养保健、消费便捷、外形美观的新品种，建立病虫害绿色防控、废弃物资源化利用、高效生态栽培、机械化与标准化生产等新模式，以及发展智慧农业、创意农业、健康农业、品牌农业、都市农业、第六产业等农业新业态。

五、产业推动的服务机制

烟叶产业综合体围绕区域内一个或多个农业主导产业，引入科研机构，建立科技示范基地，孵化农业科技企业，以核心基地、加盟基地、辐射基地为技术扩散圈，通过产业推动和示范引导进行科技服务。科技服务人员对生产过程进行监控、指导，在技术规程、标准和市场需求下，按照统一整地播种、统一施肥打药、统一田间管理、统一收获储运、统一技术培训的方式，实行标准化生产、品牌化经营，从而把新的实用技术应用到产前、产中、产后全过程。企业是带动新技术推广的核心力量，在延伸产业链、推动产业升级、推动农民掌握新技术、促进周边地区的技术辐射中起主体作用。农业专家则发挥科技创新、成果展示示范、农民教育培训、科技信息传导等方面的优势，使最新的品种、技术成果能够直接推广应用到农业生产流通第一线，减少中间环节，缩短了成果转化周期，提高了科研绩效。

六、合作共赢的科研平台

烟叶产业综合体对接国家和区域现代农业产业技术体系，采用新型科技资源组合模式，打造合作共赢的科研成果转化平台，实现科技力量整合和资源共享，巩固强化联合协作的新格局，进而通过市场化运作，把现代农业产业技术体系支持的生产基地所生产的农产品变成商品，大幅度提高农民的收入。烟叶产业综合体可充分发挥现有的渠道优势，对国家现代农业产业技术体系的专家资源、产品资源、科技成果资源、基地资源等进行有选择、有针对、有重点的聚集整合，使现代农业产业技术体系成为烟叶产业综合体发展的重要科技支撑力量，或把烟叶产业综合体纳入到现代农业产业技术体系中，作为农业科技公共性与市场性有机结合的桥梁与纽带，促进现代化农业企业整体战略与目标的实现，以及现代农业产业技术体系的升级。

一是利用现代农业产业技术体系的专家资源。采取灵活的、柔性的合作机制，聚集相关岗位科学家形成农业科学家战略联盟，作为现代烟叶产业综合体的智库，参与、帮助、指导甚至直接承担综合体的农业科技开发、产业研究、模式探索、项目规划等任务，对综合体进行相关的专业培训和辅导，共同协作申请省级甚至国家级的重大农业科技项目与产业化项目。通过以烟叶产业综合体为载体构建新型科技支撑引领体系，整合多方农业科技力量，及时有效地解决环境监测、良种推广、绿色生产、智能控制、效率提升、品质保障、质量追溯、信用建设、功能融合、物流加工、消费引领等方面遇到的农业科技难题，促进现代农业可持续发展。

二是利用现代农业产业技术体系的产品资源。结合烟叶产业综合体的业务战略定位，从现代农业产业技术体系所覆盖的农产品种类中筛选优质的水果蔬菜、水产品，丰富综合体的产品系列，通过烟叶产业综合体的流通渠道，为广大消费者提供更多、更好、安全、健康、放心的农产品。

三是利用现代农业产业技术体系的成果资源。结合烟叶产业综合体的整体发展战略，对现代农业产业技术体系开发的科技成果如新品种、种植技术与模式、加工保鲜技术、食品安全检测与控制技术等进行合理筛选，应用到烟叶产业综合体自身的生产、加工体系中，提升烟叶产业综合体生产、加工的科技水平，提升产品与服务的科技含量，提升产品的品质与品牌。

四是利用现代农业产业技术体系的基地资源。选择与烟叶产业综合体业务相关的名特优果蔬基地，通过多种合作方式将其打造为综合体的联盟基地，扩大农业综合体的产品供应渠道与规模，更好地以轻资产运作的方式实现综合体基地规划的升级与业务规模的增长。

第五章 贵州烟叶产业综合体供销合作机制研究

第一节 供销协同机制

一、生产运行模式

烟叶产业综合体农产品的供应采用"龙头企业+多个合作社+基地+农民"的运行模式。在全省烟叶产业综合体内，根据各综合体的自然特征，形成非烟同类农产品生产基地联盟。通过龙头企业出订单，充分发挥农民专业合作社在组织农民中的作用，为核心基地和辐射区提供收购服务。合作社与农民签订单，农民按订单规定的品种、数量、质量和价格组织生产，既能为庞大的消费市场提供优质农产品，又能为广大农民增加收入。烟叶产业综合体供销协同模式如图5-1所示。

二、直供经营机制

采用"自产自销+订单农业"经营机制。烟叶产业综合体的产品采用"自产自销"和订单农业相结合的直供制营销方式，经分级包装后，物流中心配套直供给城市消费群体，以保证农产品的质量安全。

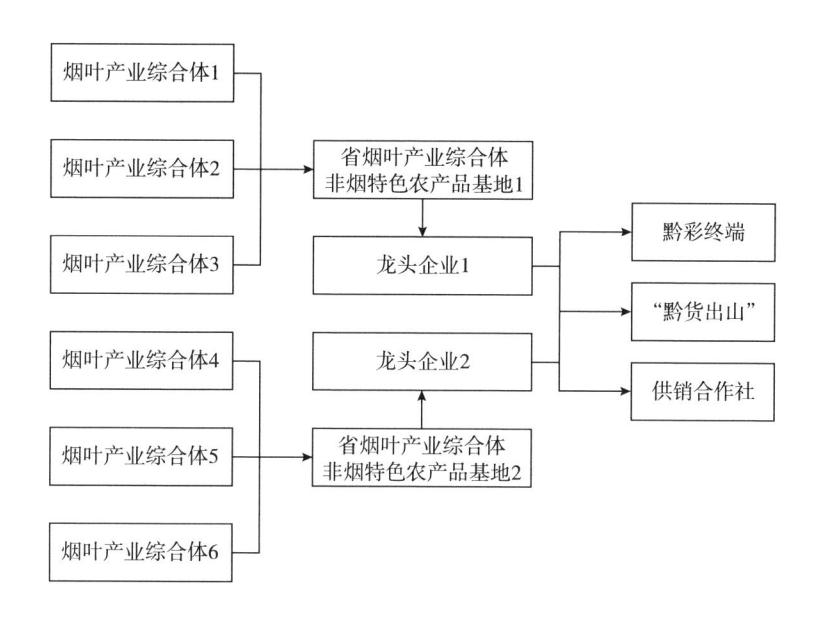

图 5-1　烟叶产业综合体供销协同模式

三、销售合作模式

根据生产合作环节的生产标准，开展质量安全与认证标准检测并出具产品可追溯证明，把天然生态资源转化为绿色优质农产品，最终形成烟草特色农产品品牌。在此基础上，采用黔彩终端、"黔货出山"、供销合作社多渠道供销合作模式。

（1）黔彩终端。通过黔彩零售终端销售渠道探索"互联网+"销售模式，做好轮作烟田生产的绿色大米及其他农产品的销售，打通非烟产业产品销售的关键节点，逐步形成具有烟草特色的非烟农产品品牌。

（2）"黔货出山"。依托"黔货出山"等当地特色农产品或公共品牌，打造配套农产品的"互联网+""1+N"销售模式等。

（3）供销合作社。借助乡县市供销合作社，建立精准对接助销机制，充分发挥冷链设施"蓄水池"作用，做好农产品的储存、预冷、保鲜工作，有序上市销售。

四、质量安全机制

（一）基于区块链技术的质量安全分析

区块链技术能够实现农产品质量安全追溯。通过区块链技术的应用，可以将农产品的生产、加工、交易、运输等全过程进行记录，确保了记录的真实性、不可篡改，并能相互信赖。每一个环节的信息都会被纳入到数据链中，被永久地记录下来，可以随时追踪，避免了传统的信息不对称、安全性差、数据容易被篡改等问题。如果农产品出现质量安全问题，可以通过数据链进行问题追溯，查明责任主体。同时，农产品的追溯也可以提高农产品的安全性，让产品的品牌价值更加突出，提高产品附加值。

区块链技术助力农业信用链重塑。区块链的数据是由多方共同维护的，它是一种通过点对点传输和加密算法实现的分布式数据。基于区块链信息公开透明、不易篡改、人为差错少等优势，可以评定生产者、采购商、分销商和消费者的信用等级，并运用大数据分析和数据共享，建立一套基于智能契约的供应链系统，确保各成员间的公平，提高农产品的流通效率。

区块链技术能够健全农产品管理系统。分布式记账技术是区块链最大的优势。利用区块链信息共享技术，实现农产品经营管理数据实时更新，供应链主体信息、农产品流通状态、物流配送信息等随时供参与者查阅。借助于区块链技术，农产品供求双方可以及时掌握农产品的供给和需求动态，通过信息共享及时调整经营策略，避免因信息不对称产生农产品滞销或配送不足等问题。由于区块链的不可篡改和可追溯性，使农产品流通中的假冒问题得以解决，同时，将数据时间戳技术应用于交易争议的证明和追究中。区块链技术利用自身的独特优势，对农产品供应链进行整合升级，提升农产品供应链的管理效率。

区块链技术能够构建智能物联网系统。尽管农业生产物联网设备快速增加，但是各类传感器和智能装备仍存在标识技术不统一、兼容性较差等问题。不同主体内部和不同平台的设备难以互联互通，管理性能差。鉴于各主体、不同平台的设备之间存在无法互联、管理效率低下等问题，可将区块链技术和农业物联网管理深度融合，建立万物互联的智能设备的总账本，可以实时采集设备数据，为物联网系统的智能管理提供平台，同时降低物联网设备的保养维护费用，提升农业物联网的规模化水平。

（二）基于价格机制的质量安全分析

运用价格机制解决烟叶产业综合体农产品质量安全问题也是重要方式之一。设 t 为农产品平均质量，μ 为农产品平均质量提高1个单位时龙头企业单位面积所提高的收入，ω 为农产品平均质量提高1个单位时农民单位面积所提高的收入，S 为农产品实际种植面积，γ 为质量成本系数，ρ 为质量提高成本分摊比例，p_m 为龙头企业通过农产品加工单位面积所获得的收益，且 $p_m>p$。为了使质量达到 t 的支出为 $S\gamma t^2$，其中，二次项表示 t 越大，提高产品质量的支出越多。根据道格拉斯生产函数，种植规模函数为 $S=Ap^\alpha l^\beta$，其中 $\alpha+\beta\leqslant 1$。

农产品的种植一方面要达到计划面积的要求，另一方面要达到质量要求。龙头企业与农民均应进行质量投入。

由于龙头企业在农产品种植与收购中占主导地位，由其对收购价格与质量成本分摊比例进行决策。而农民主要负责农产品实际种植，决定农产品质量。因此，博弈顺序为：①龙头企业制定相应的农产品质量成本分摊比例。②农民根据质量成本分摊比例决定农产品质量。由于该博弈为完全信息动态博弈，其均衡是子博弈精炼纳什均衡，因此可以采用逆向归纳法来求解博弈。对于龙头企业给定的质量成本分摊比例 α，农民的问题是：

$$\max_{t>0} \pi_L = (l+(1+\omega t)p-c-r)S-(1-\rho)(S\gamma t^2)$$

可以看出，π_L 是关于 t 的凸函数，根据一阶条件得到农民的反应函数为 $t(\rho)=\omega p/(2\gamma-2\rho\gamma)$。由于龙头企业预测到农民会根据此式对质量做出选择，因此，龙头企业的问题是：

$$\max_{\rho>0} \pi_Y = (1+\mu t)p_m S-(l+(1+\omega t)p-r)S-\rho(S\gamma t^2)$$

将 $t(\rho)$ 代入上式，根据一阶条件，得到 $\rho^* = \dfrac{2\mu p_m - \omega p}{2\mu p_m + \omega p}$，因 $\rho \geqslant 0$，故此处假设 $2\mu p_m \geqslant \omega p$，即提高单位质量时，公司增加的收入须不小于农民增加收入的一半。

此时，$t^* = \dfrac{2\mu p_m + \omega p}{4\gamma}$，龙头企业的利润为：

$$\pi_Y^* = -\dfrac{S(16(l-r)\gamma - 4\mu^2 p_m^2 + 16\gamma p + 3\omega^2 p^2 + p_m(-16\gamma + 4\mu\omega p))}{16\gamma}$$

农民的收入为：

$$\pi_L^* = \dfrac{S(-8(c-l+r)\gamma + 2(4\gamma + \mu\omega p_m)p + \omega^2 p^2)}{8\gamma}$$

命题1：最优质量模型中，$\partial \rho / \partial \omega < 0$，$\partial \rho / \partial \mu > 0$。

证明：根据最优质量模型结果，有 $\dfrac{\partial \rho}{\partial \omega} = -\dfrac{4\mu p_m p}{(2\mu p_m + \omega p)^2} < 0$，$\dfrac{\partial \rho}{\partial \mu} = \dfrac{4\omega p_m p}{(2\mu p_m + \omega p)^2} > 0$。

命题1说明，单位质量提高给农民带来的收益 ω 越大，公司所承担的质量成本比例越小。单位质量提高给公司带来的收益 μ 越大，公司所承担的质量成本比例越大。

命题2：最优质量模型中，$\partial \pi_Y / \partial \omega < 0$，$\partial \pi_L / \partial \omega > 0$，$\partial \pi_Y / \partial \mu > 0$，$\partial \pi_L / \partial \mu > 0$。

证明：根据最优质量模型结果，有 $\dfrac{\partial \pi_Y}{\partial \mu} = \dfrac{Sp_m(2\mu p_m - \omega p)}{4\gamma} > 0$，$\dfrac{\partial \pi_L}{\partial \omega} = \dfrac{Sp_s(\mu p_m + \omega p)}{4\gamma} > 0$，$\dfrac{\partial \pi_Y}{\partial \omega} = -\dfrac{Sp(2\mu p_m + 3\omega p)}{8\gamma} < 0$，$\dfrac{\partial \pi_L}{\partial \mu} = \dfrac{S\omega p_m p}{4\gamma} > 0$。

由命题2可以看出，农民的收益均随着 μ、ω 的增加而增加，而公司的收益随着 μ 的增加而增加，随着 ω 的增加而减少。

命题3：最优质量 t 是 μ、ω 的增函数，是质量成本系数 γ 的减函数。

根据上述结论，得到如下建议：

引进先进的生产技术和机械化生产设备，提高单位面积农作物质量。由结论可知，单位面积质量的提高，会增加农民和企业的收入。农民和企业收入的增加会提高自身劳动积极性，从而反作用于农作物的生产，使农作物质量不断提高。另外，制定合理的质量成本系数也会改进农作物的质量，在不考虑其他因素的前提下，质量成本系数越小，农作物质量水平越高。

通过品牌推广的方式促进农产品的销售和质量的改进。品牌推广是促进质量不断提高的良好途径,单位面积产品质量的提高,会增加企业单位面积的收入。由本书理论推导可知,因质量引起的企业单位面积收入增加,企业分担质量成本的比例就会增加,但是不会影响企业的总利润,而且还能提高农民的总利润,达到事半功倍的效果。

(三) 基于合作模式的质量安全分析

农业产业综合体是实现农业现代化的重要载体,其不仅推动农业经济的转型发展,也提高了农民的就业率及农民生活水平,成为经济新的增长点。烟叶产业综合体是以种烟面积千亩以上的核心烟区为单位,以烟叶生产为主导,融合特色种植业、养殖业、加工业等配套产业,形成要素互动、产业互补的多功能、复合型、创新型的农业产业聚集区。在烟叶产业综合体中,非烟龙头企业与农户通过契约而形成农业产业化经营模式,企业为了使自己的利润最大化,往往导致农民收益得不到保障,农民积极性不高,从而直接影响种植规模与质量。在非烟供应链中,各主体需要共同协商农产品的收购价格、种植规模、质量,在最大化自身利润的同时也能维护供应链的协调。特别是在以家庭为单位进行生产的情况下,受家庭成员的能力及资源限制,在同一努力水平,提高产量会降低质量,提高质量则会降低产量。农产品的质量与产量会同时影响市场需求与价格,那么,在此情况下,烟叶产业综合体中非烟农业供应链的合作协调机制如何?针对烟叶产业综合体中由非烟龙头企业与农户组成的供应链,本书通过建立博弈模型,分析在资源有限的情形下农产品数量与质量、定价的最优决策,探索烟叶产业综合体的最优协调机制。

1. 模型假设

在烟叶产业综合体中,农户向非烟龙头企业供应质量水平为 m 的农产品,龙头企业加工精细程度为 θ 的成品。由于农户受资源限制,质量水平 m 越高,其农产品供应量 s 就越小。同时在综合考虑垄断与市场需求的情形下,市场需求由产品价格 p、质量水平 m 及精细程度 θ 共同决定,即产品价格最终由市场根据供需关系确定。在供应链中,各方都以利润最大化为目标进行决策,农户的决策为 m,具有强势地位的龙头企业关于农产品收购价格的决策为 w,市场根据供需关

系确定零售价 p，因此，此情形下的农业供应链协调是三阶段决策过程。

假设1：设农户农产品供应量函数关系为 $s(m)=a-bm$，其中，正常数 a 表示在最低质量水平情形下的最大供应量，单位农产品成本为 c，正常数 b 表示质量水平每增加一个单位则供应量减少 b 个单位。此函数关系表明随着农产品质量的增加，农产品供应量会减少。农产品质量为 m 时的总成本为 $\kappa m^2/2$。

假设2：农产品的供应量与龙头企业供应市场的产品数量一致。市场产品需求为 $d(m,\theta,p)=\varphi+\lambda m+\gamma\theta-p$，其中，正常数 φ 为市场需求基数，正常数 λ、γ 分别表示农户、龙头企业在产品质量提升时对市场需求的影响。龙头企业产品精细加工程度 θ 的成本为 $\mu\theta^2/2$。质量提升增加成本的同时也能增加效益，为保证提升质量对农户和龙头企业有利，设 $\lambda^2>\kappa$，$\gamma^2>\mu$。

假设3：产品零售价由市场根据供需关系决定，即由 $s(m)=d(m,\theta,p)$ 决定。

假设4：当 $m=0$、$\theta=0$ 时，为满足市场需求，农产品的供应量 a 大于市场基数 φ。为保证此时需求 $\varphi-p>0$，零售价高于成本，因此 $\varphi>c$。

根据上述假设，得到农户的利润 π_F 和龙头企业的利润 π_E：

$$\pi_F(m)=(w-c)(\varphi+\lambda m+\gamma\theta-p)-\kappa m^2/2$$

$$\pi_E(\theta)=(p-w)(\varphi+\lambda m+\gamma\theta-p)-\mu\theta^2/2$$

2. 模型建立

T模型：集中决策模型。在集中决策模型中，将农户和龙头企业作为一个决策单元，其目标是使该决策单元利润最大化。由上式得到：

$$\pi^T(m,\theta)=\pi_F(m)+\pi_E(\theta)$$

上式的二阶条件为 $\dfrac{\partial\pi^2}{\partial^2 m}=-\kappa<0$，$\dfrac{\partial\pi^2}{\partial^2\theta}=-\gamma<0$，$\dfrac{\partial\pi}{\partial\theta}\dfrac{\partial\pi^2}{\partial^2 m}-\dfrac{\partial\pi^2}{\partial\theta\partial m}\dfrac{\partial\pi^2}{\partial\theta\partial m}=\kappa\mu>0$，因此，存在最优值 m 和 θ 使 π^T 达到最大值。根据一阶导数，得到：

$$m=\dfrac{(p-c)\lambda}{\kappa},\quad \theta=\dfrac{(p-c)\gamma}{\mu}$$

市场根据供应与需求确定产品价格，即 $a-bm=\varphi+\lambda m+\gamma\theta-p$，得到

$$p^T=\frac{c(\gamma^2\kappa+\lambda(b+\lambda)\mu)+\kappa\mu(a-\varphi)}{\gamma^2\kappa+(-\kappa+\lambda(b+\lambda))\mu}，从而得到：m^T=\frac{\lambda\mu(a+c-\varphi)}{\gamma^2\kappa+(-\kappa+\lambda(b+\lambda))\mu}，$$

$$\theta^T=\frac{\gamma\kappa(a+c-\varphi)}{\gamma^2\kappa+(-\kappa+\lambda(b+\lambda))\mu}，d^T=\frac{a(\gamma^2\kappa+(-\kappa+\lambda^2)\mu)+b\lambda\mu(-c+\varphi)}{\gamma^2\kappa+(-\kappa+\lambda(b+\lambda))\mu}，$$

$$\pi^T=\frac{\kappa\mu(a(\gamma^2\kappa+(-2\kappa+\lambda^2)\mu)-(\gamma^2\kappa+\lambda(2b+\lambda)\mu)(c-\varphi))(a+c-\varphi)}{2(\gamma^2\kappa+(-\kappa+\lambda(b+\lambda))\mu)^2}。$$

C 模型：分散决策模型。在分散决策条件下，农户和龙头企业分别根据收益最大化原则进行决策。π_F 关于 m 的二阶导数 $\partial\pi_F^2/\partial^2 m=-\kappa<0$，根据其一阶导数得到 $m=\frac{(w-c)\lambda}{\kappa}$。

因此 π_E 关于 w、θ 的二阶条件分别为：

$$\frac{\partial\pi_E^2}{\partial^2 w}=-\frac{2\lambda^2}{\kappa}<0,\quad \frac{\partial\pi_E^2}{\partial^2\theta}=-\mu<0,\quad \frac{\partial\pi_E^2}{\partial^2 w}\frac{\partial\pi_E^2}{\partial^2\theta}-\frac{\partial\pi_E^2}{\partial\theta\partial w}=-\gamma^2+\frac{2\lambda^2\mu}{\kappa}$$

当 $2\lambda^2\mu-\gamma^2\kappa>0$ 时，存在最优值 w、θ 使 π_F 达到最大值。根据一阶条件得到：$w=\frac{-c\lambda^2\mu+p(\gamma^2\kappa-(\kappa+\lambda^2)\mu)+\kappa\mu\varphi}{\gamma^2\kappa-2\lambda^2\mu}$，$\theta=\frac{\gamma(c\lambda^2+p(\kappa-\lambda^2)-\kappa\varphi)}{\gamma^2\kappa-2\lambda^2\mu}$。

根据 $a-bm=\varphi+\lambda m+\gamma\theta-p$，代入 w、θ，得到：

$$p^C=\frac{a\kappa(-\gamma^2\kappa+2\lambda^2\mu)+\lambda(-bc\gamma^2\kappa+bc\lambda^2\mu+c\lambda^3\mu+b\kappa\mu\varphi-\kappa\lambda\mu\varphi)}{\lambda(\lambda(-\kappa+\lambda^2)\mu+b(-\gamma^2\kappa+(\kappa+\lambda^2)\mu))}，从而得到：$$

$$w^C=\frac{a\kappa(-\gamma^2\kappa+(\kappa+\lambda^2)\mu)+\lambda(bc(-\gamma^2\kappa+(\kappa+\lambda^2)\mu)+\lambda\mu(c\lambda^2-\kappa\varphi))}{\lambda(\lambda(-\kappa+\lambda^2)\mu+b(-\gamma^2\kappa+(\kappa+\lambda^2)\mu))}，d^C=$$

$$\frac{\lambda\mu(a(\kappa-\lambda^2)-b\lambda(\varphi-c))}{\lambda(\kappa-\lambda^2)\mu+b(\gamma^2\kappa-(\kappa+\lambda^2)\mu)}，\theta^C=\frac{\gamma\kappa(a(\lambda^2-\kappa)+b\lambda(\varphi-c))}{\lambda(\lambda(-\kappa+\lambda^2)\mu+b(-\gamma^2\kappa+(\kappa+\lambda^2)\mu))}，m^C=$$

$$\frac{a(\gamma^2\kappa-(\kappa+\lambda^2)\mu)+\lambda^2\mu(\varphi-c)}{\lambda(\kappa-\lambda^2)\mu+b(\gamma^2\kappa-(\kappa+\lambda^2)\mu)}，\pi_E=\frac{-\kappa\mu(\gamma^2\kappa-2\lambda^2\mu)(a(\kappa-\lambda^2)-b\lambda(\varphi-c))^2}{2\lambda^2(\lambda(-\kappa+\lambda^2)\mu+b(-\gamma^2\kappa+(\kappa+\lambda^2)\mu))^2}，$$

$$\pi_F=\frac{\kappa(a(\gamma^2\kappa+(-3\kappa+\lambda^2)\mu)+\lambda(2b+\lambda)\mu(\varphi-c))(a(\gamma^2\kappa-(\kappa+\lambda^2)\mu)+\lambda^2\mu(\varphi-c))}{-2(\lambda(\kappa-\lambda^2)\mu+b(\gamma^2\kappa-(\kappa+\lambda^2)\mu))^2}，$$

$\pi^C=\pi_E+\pi_F$。

3. 模型分析与仿真

命题4：当两种决策类型的农产品质量一致时，其产品需求量也一致，即 $m^T = m^C \Leftrightarrow d^T = d^C$，但 $\pi^C > \pi^T$。

证明：当 $m^T = m^C$ 时，即 $\dfrac{\lambda(a+c-\varphi)}{(-1+\gamma)\kappa+\lambda(b+\lambda)} = \dfrac{a(\kappa-\gamma\kappa+\lambda^2)+\lambda^2(c-\varphi)}{-\kappa\lambda+\lambda^3+b(\kappa-\gamma\kappa+\lambda^2)}$，从而得到 $a = \dfrac{\lambda(\gamma^2\lambda+b(\gamma^2-\mu))\mu(\varphi-c)}{-\gamma^4\kappa+2\gamma^2\kappa\mu+(-\kappa+\lambda^2)\mu^2}$。将 a 代入到 d^T、d^C 中得到 $d^T - d^C = 0$。又 $\Delta\pi = \pi^T - \pi^C = -\dfrac{\gamma^2\kappa\mu^2(\kappa\mu+2\gamma^2(\lambda^2-\kappa))(c-\varphi)^2}{2(\gamma^4\kappa-2\gamma^2\kappa\mu+(\kappa-\lambda^2)\mu^2)^2} < 0$，根据假设可知 $\pi^C > \pi^T$，$\Delta\pi$ 仿真如图 5-2 所示。

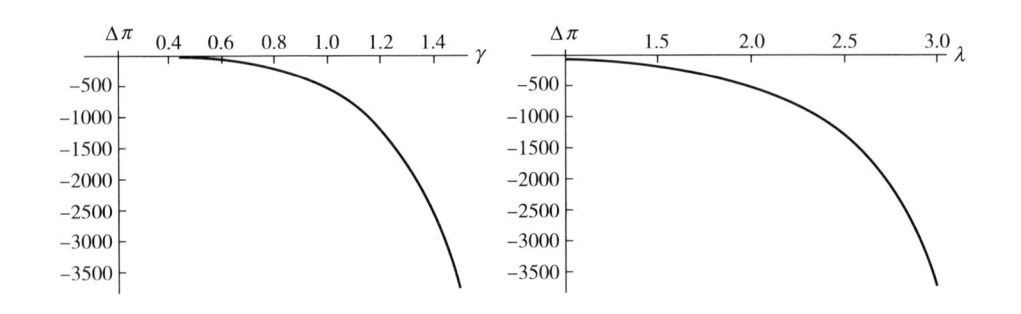

图 5-2　$\Delta\pi$ 随 γ、λ 变化趋势

由图 5-2 可以看出，$\Delta\pi$ 始终小于 0，且随着 γ、λ 值的增加，分散决策时的总利润较集中决策时的总利润大。

命题 4 表明，龙头企业在两种决策模式中对农产品质量要求一致时，其市场需求也一致，此时，龙头企业应倾向于与农户分开经营，独立核算利润，特别是在质量对需求影响很大的情况下更应独立经营决策。

命题5：当两种决策类型的龙头企业生产的产品质量一致时，即 $\theta^T = \theta^C$ 时，$m^T > m^C$，$d^T < d^C$，$\pi^T < \pi^C$。

证明：当 $\theta^T = \theta^C$ 时，得到 $a = \dfrac{\lambda^2(b^2-\kappa+2b\lambda+\lambda^2)\mu(\varphi-c)}{\kappa(\gamma^2(\kappa-\lambda(b+\lambda))+(-\kappa+\lambda(2b+\lambda))\mu)}$。由于 $\gamma^2(-\kappa+$

$\lambda(b+\lambda))+(\kappa-\lambda(2b+\lambda))\mu>(\lambda^2+2b\lambda-\kappa)(\gamma^2-\mu)>0$, 故 $\Delta m=m^T-m^C=$
$\dfrac{\lambda\mu(\varphi-c)}{\gamma^2(-\kappa+\lambda(b+\lambda))+(\kappa-\lambda(2b+\lambda))\mu}>0$, $\Delta d=d^T-d^C=\dfrac{-b\lambda\mu(\varphi-c)}{\gamma^2(-\kappa+\lambda(b+\lambda))+(\kappa-\lambda(2b+\lambda))\mu}<0$,

$\Delta\pi=\pi^T-\pi^C=-\dfrac{\lambda\left(2\lambda b^2(\lambda^2-\kappa)+\lambda(\kappa^2+2\lambda^2(\lambda^2-2\kappa))+2b\left(\kappa^2+2\lambda^2\left(\lambda^2-\dfrac{3\kappa}{2}\right)\right)\right)\mu^2(c-\varphi)^2}{2\kappa(\gamma^2(\kappa-\lambda(b+\lambda))+(-\kappa+\lambda(2b+\lambda))\mu)^2}<$

0, 故有 $m^T>m^C$, $d^T<d^C$, $\pi^T<\pi^C$。具体如图 5-3、图 5-4 所示。

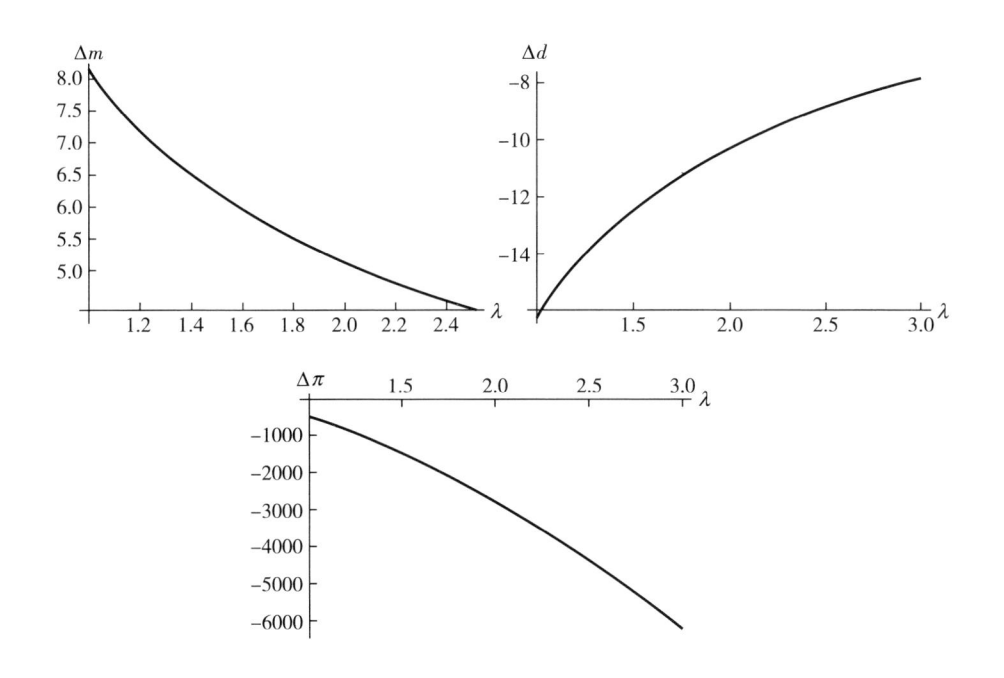

图 5-3　Δm、Δd、$\Delta\pi$ 随 λ 变化趋势

从图 5-3、图 5-4 可以看出，$\Delta m>0$，$\Delta d<0$，$\Delta\pi<0$，且随着 λ、γ 的增加，农产品质量差距 Δm 减少；随着 λ、γ 的增加，市场需求差距 Δd 降低，但利润差距 $\Delta\pi$ 随着 λ 的增加而增加，随着 γ 的增加而降低。

命题 5 表明，龙头企业在两种决策模式中对其生产产品的质量要求一致时，集中决策下农户提供的农产品质量较高，但需求量（农户农产品的供给）和总利润则较分散决策时低。此时仍表明，在产品质量一致的情况下，特别是在农产

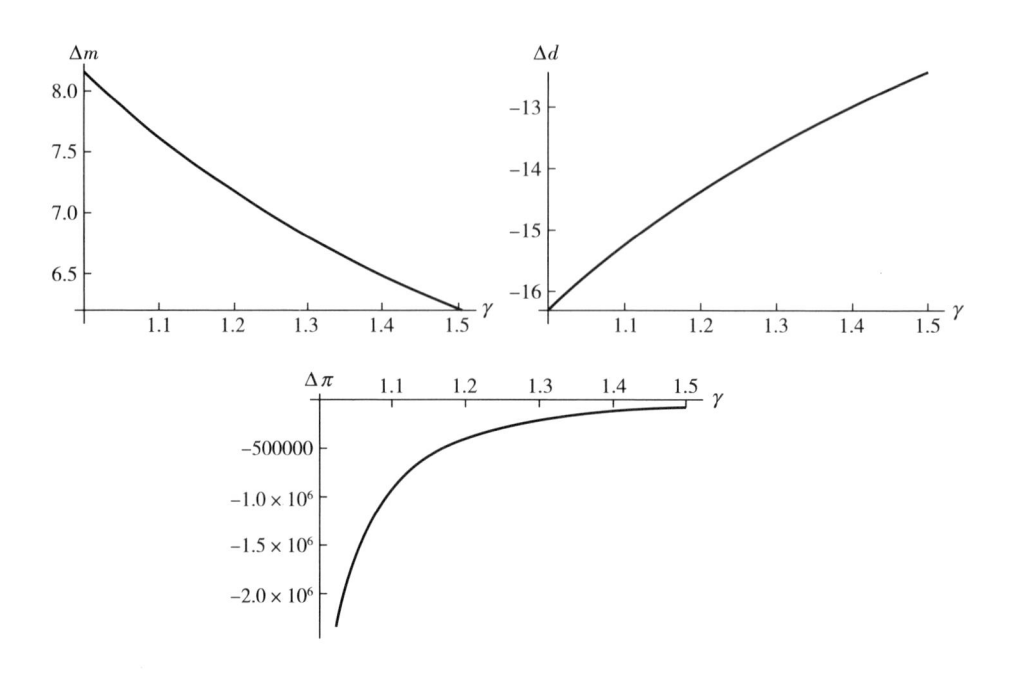

图 5-4　Δm、Δd、$\Delta \pi$ 随 γ 变化趋势

品质量对需求影响较大时，对于龙头企业来说，分散决策仍优于集中决策。

命题 6：分散决策时的总利润总是大于集中决策时的总利润。

采用仿真的形式加以证明，具体如图 5-5 所示。

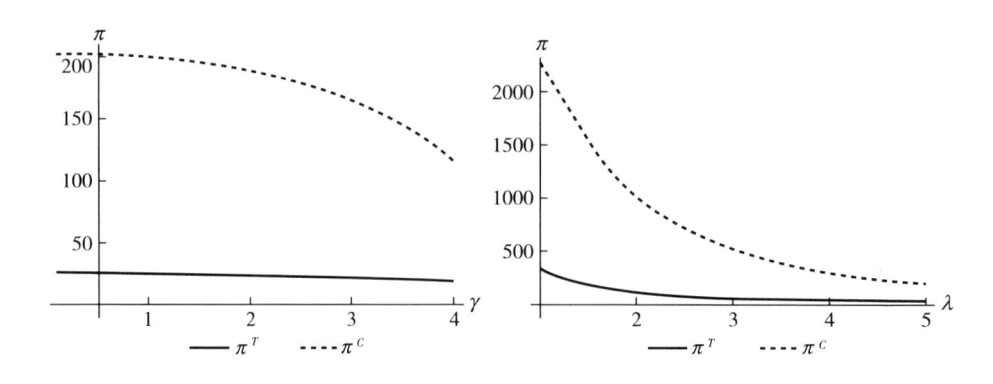

图 5-5　总利润随 λ、γ 的变化趋势

由图5-5可以看出，分散决策时的总利润总是大于集中决策时的总利润，且均随λ、γ的增加而降低，两者的利润差距也随之减少。

上述研究结论表明，集中决策时农户提供的农产品质量高，而分散决策时的总利润总是大于集中决策时的总利润，且分散决策更有利于龙头企业。因此，在烟叶产业综合体中，龙头企业与农户之间通过农业订单签订委托生产经济合同更有利于企业发展；而农户通过土地承包经营权入股，由龙头企业集中运营生产则更有利于农产品质量的提升。

第二节 流通体系框架

一、构建流通体系

烟叶产业综合体"互联网+"农产品流通体系是以互联网思维为导向，以移动互联网、物联网、大数据等信息技术为支撑，有效联系农产品供求方，促进生产者与消费者终端之间进行信息共享，快速掌握市场信息，从而降低各方沟通交易的成本和市场波动引起的风险的农产品流通方式。该流通体系能够解决产供销信息不对称，流通环节复杂效率低，农产品运输成本高、损耗大、安全等问题。通过搭建烟叶产业综合体非烟农产品流通一站式平台，可以提升综合体网络服务能力。

（一）信息中枢

烟叶产业综合体"互联网+"农产品流通体系是综合体的信息中枢，其利用云计算、大数据、物联网等信息技术，让流通体系中的各利益方直接进行信息交流，使供需信息及时传递。综合体"互联网+"农产品流通体系是连接农业综合体各个体系与环节的纽带，使生产、加工、流通销售和服务等构成的产业链无缝对接，使自然、社会、经济、技术等领域要素有效整合。综合体"互联网+"农产品流通体系是综合体动态平稳运行的支撑，使线上与线下平台合作运行、本地与外地市场对接流通。综合体"互联网+"农产品流通体系是农业综合体各功能平台有效协同的保障，使资源整合平台、组织管理平台、信息控制平台、安全监管平台相互连接、高效运转，最终实现农业综合体中产业价值的最大化。

（二）效率提升

烟叶产业综合体"互联网+"农产品流通体系具有效率最优化的特征。借助大数据、物联网等新兴信息技术改造传统农业，将感知、传输、处理控制融为一体，可以提升农业各环节智能化、标准化、自动化程度，大幅提高生产效率，"环境可测、生产可控、质量可溯"的烟叶产业综合体"互联网+"农产品流通体系是对大数据的集成优化。以互联网为核心，集成 ERP、BMP、LMIS、EDI、RFRID 等信息技术，实时捕捉消费需求、跟踪市场变化，围绕农产品流通市场开展生产、市场、管理等基准数据分析，促使"生产导向"向"消费导向"转变，实现农业生产需求变化与资源变化的深度耦合，实现农业"全要素、全过程、全系统"生产的一体化。

（三）辅助决策

烟叶产业综合体"互联网+"农产品流通体系是对多种资源的有效整合。对农产品生产、加工、流通、管理、营销以及生产环境、流通环境、市场环境等多维度多环节资源进行整合，并通过建立数据仓库管理系统，对整合起来的信息资源进行重新组织、深度加工，然后反馈到生产商、中间商、消费者，提高农产品生产经营决策的效率与正确性。

（四）催生业态

烟叶产业综合体"互联网+"农产品流通体系衍生出新商业生态。借助互联网平台和工具，实现生产商、供应商、消费者、销售渠道、技术合作伙伴、其他社会团体等众多主体跨界合作和横向资源的整合协同，保持垂直纵深的业务同步进行，打破垂直化、纵深化的产业链格局，实现行业间的跨界和重新组合，形成优势互补、资源共享、风险共担的价值生态系统。

二、体系功能定位

在"互联网+"背景下,烟叶产业综合体流通体系应定位为区域烟叶产业综合体非烟农产品流通的关键节点和中枢,面向全国乃至世界,服务区域农产品流通,在链接"小农户"与"大市场"、服务区域农产品流通、孵化新型流通主体创业等方面发挥重要作用,体现烟叶产业综合体在流通领域的功能融合。

(一)链接"小农户"与"大市场"的平台

烟叶产业综合体"互联网+"农产品流通体系将烟叶产业综合体生产基地(农业龙头企业、农民专业合作社、家庭农场)的农产品通过电商、实体店等平台实现产销对接,构建结构扁平化、流转效率更高、供需互动性更强的高效农产品流通体系,能有效破解农产品生产"小农户"与"大市场"的矛盾。通过简化流通环节,减少流通渠道存货和耗损,提高农产品流通效率,实现分利农民和市民的目标。利用互联网科技对市场进行实时监控,综合预测国内外消费市场供需要求,引导农产品生产,建立形成龙头企业、农户、市场三者之间互惠互通的现代网络流通体系。

(二)本地农产品流通的服务枢纽

伴随展示展销、包装加工、质量检测、仓储物流以及电子商务运营等多样化、专业化的农产品流通服务持续集聚,流通体系逐步升级成为本地农产品流通服务枢纽,服务范围超越入驻的企业,覆盖周边区域,甚至扩展至相邻县市,充分发挥辐射服务作用。随着辐射范围不断扩展和辐射作用持续发挥,更多新型农产品流通主体、服务商将集聚于综合体及综合体周边,从而极大地强化烟叶产业综合体的核心地位和战略作用。

包装加工功能。采用先进的科技成果,通过标准化生产、加工、包装、储运和一体化管理,对农产品进行精深加工,提升区域农产品附加值和竞争力。

质量检测功能。成立区域优质安全农产品认证中心,为农产品交易提供质量安全标准,采取产地检测和市场准入检测的双道把关,为区域农产品流通提供质量安全卫生监管的检测、检验、认证服务。

物流仓储功能。配备保鲜、冷藏、防疫等物流设备及相应的温控设备和防潮设备,为采购商、区域农业企业等提供更好的第三方物流服务;为经销商、消费者提供优质高效的配送服务。

展示交易功能。创造良好的会展条件,使之成为区域优质名特农产品的展示展销平台,成为食品生产企业及农产品生产基地的农产品集散中心,也是各农业企业、消费者和中间商的一站式采购中心,增强农产品消费者的体验。

信息服务功能。建设区域农业信息港,为区域农业提供信息服务,使信息港成为客商了解区域农业的重要窗口。通过大数据支撑,为当地政府部门、生产者、经营者提供决策参考。

综合协调功能。制定相关的规章制度,构建信誉平台。促进行为自律,解决区域内农产品生产群体庞大、个体弱小、无序的恶性竞争等问题,促进农产品流通。

第三节　品牌培育机制

对于烟叶产业综合体品牌化发展,产业特色化、经营规模化是前提条件,生产标准化、管理企业化是技术支撑,产品品牌化是持久动力。只有全面把握农烟叶产业综合体发展"五化"要素,才能有效推进农业品牌建设进程。烟叶产业综合体品牌培育机制如图 5-6 所示。

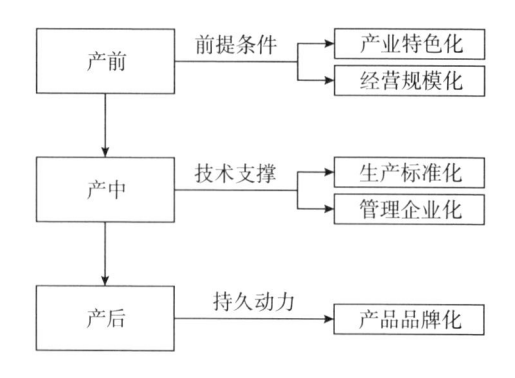

图 5-6　烟叶产业综合体品牌培育机制

一、品牌化发展思路

(一) 产业特色化、经营规模化是烟叶产业综合体发展的前提条件

烟叶产业综合体是一个多元素的关联性系统结构，自然资源禀赋、土地等要素是供给的物质基础和潜在能力。产业组织理论认为，产品差异是影响市场结构的重要因素，为满足市场需求和消费者偏好，突出区域农产品特色是培育农业品牌的关键。在地区间竞争日趋激烈的大环境下，小规模的农业分散经营难以满足农业品牌建设要求，通常会造成产业发展缺乏特色，削弱农产品市场竞争力。农业品牌建设要以特色农业集群发展为依托，整合土地等要素资源，依托烟叶产业综合体实现农业生产区域空间集聚，使同类或同一农业产业相互联系形成集聚效应，发展规模化农业，实现地方化经济，保证农业生产集群化、经营规模化。因此，推进烟叶产业综合体发展首先要结合特定地区的自然条件与生态环境要素，在以烟叶为主的前提下，立足品种、品质的天然优势，并通过集群化、规模化经营强化农业产业特色，突破农产品同质化竞争困境，有效夯实农业品牌建设基础。

(二) 生产标准化、管理企业化是烟叶产业综合体发展的技术支撑

农产品安全和质量缺乏保障是目前我国农业发展面临的核心问题之一。在解决产业特色化、经营规模化的基础上，还必须在非烟农业产中环节有效开展农业标准化生产，改革农业生产的传统管理模式。农业生产是农业现代化的核心部分，这是因为农业生产直接作用于产品质量效益，是农业产业价值链中最为重要的增值环节。因此，只有通过推广先进的现代化农业生产技术与管理模式，实施严格的农产品生产标准和质量监管体系，推行"环境有监测、操作有规程、生产有记录、产品有检验、上市有标识"的全程标准化生产，才能有效保障农产品质量，使农产品生产供应跟上城乡居民需求的发展变化，为产品品牌化提供保障。同时，只有突破家庭经营限制，采取企业化的管理方式才能使生产标准化得到长期严格的执行。加大农业标准化生产和企业化管理执行力度，让农业资源优势转变为符合市场需求的产品优势，这样才能为烟叶产业综合体发展提供坚实的技术支撑。

在烟叶方面，把握卷烟企业对烟叶原料的品种、结构、纯度、商品质量等方面的动态需求，不断优化生产技术，持续生产供应优质烟叶原料，不断巩固和发展特色烟叶基地单元。

(三) 产品品牌化是烟叶产业综合体发展的持久动力

已有经验表明，即使是在标准化程度高、农产品质量有充分保障的大企业，如果缺乏可以将自身与其他同类产品有效区分开来的品牌和忠实消费群体，也会造成产品市场占有率不足或不稳定，一旦初始资本耗尽或缺乏外部输血，其发展就难以持久。农业品牌化已成为制约农业现代化进程的关键性因素，其核心在于产品品牌化。只有创造品牌，农产品才能有规模，农业主体才能有信誉，产业化才能有发展。农产品品牌化程度是我国农业现代化的重要标准，把农业品牌化作为烟叶产业综合体发展的主攻方向，这既是衡量烟叶产业综合体发展是否有成效的核心指标，也是保障烟草企业经济效益、维持产业生命力的关键。

基于上述分析可知，烟叶产业综合体发展"五化"要素之间具有重要的内在逻辑关系。"五化"要素紧密相连、相互促进，其中，产品品牌化是最后、最关键的一环。产品品牌化既是产业特色化、经营规模化、生产标准化、管理企业化的理想结果，也是区分农产品市场、破除农产品同质化困境、保证农业合理利润，使产业特色化、经营规模化、生产标准化、管理企业化得以持续推进的必要前提。因此，产品品牌化可作为衡量烟叶产业综合体发展成效与供给体系质量最直接的显性指标。

二、品牌化建设路径

(一) "地区公共品牌+企业自有品牌"共进策略

农业品牌既有产品差异化、品牌集群化的一般性特征，又有公共产品属性、外部效应的经济学特征，只有充分把握农业品牌的特征与建设规律，才能有效推进农业品牌化建设。农业品牌兼有地区公共品牌和企业自有品牌的双重属性，单一方面的品牌建设并不能保证农产品效益最大化，应注重二者的互补优势与集合效应。因此，在烟叶产业综合体发展中要深入推进农业现代化步伐，使农业增效、产品增值，必须抓好并有效落实以地区公共品牌为先导、以企业自有品牌为主体、合力推进农业品牌建设的思路。烟叶产业综合体可依托黔彩终端、"黔货出山"等当地特色农产品或公共品牌，实现配套农产品的"互联网+""1+N"销售模式。在已有品牌的基础上，逐步打造烟草行业非烟农产品特色品牌。

一方面，地区公共品牌由地方政府与烟草企业共同管理，通过制定品牌使用制度，建立地区公共品牌使用与授权机制，由烟草企业按照相关程序申请公共品牌，在明确烟草企业权责的基础上，授权地方烟叶产业综合体具体负责公共品牌的使用授权与监管。另一方面，企业自有品牌由企业自主管理，若企业自有品牌需"挂靠"地方公共品牌，必须严格实施地区公共品牌使用标准和门槛准入规定，这就要求强化地方烟叶产业综合体的监督引导作用，实现企业分散管理与烟叶产业综合体监督指导的融合。

（二）差别化选择不同农产品品牌建设路径

尊重客观事实、把握市场规律是推进区域农业品牌建设的客观要求。虽然针对不同的农产品都可采用"政府引导、烟草协调、主体（企业、农户）参与"的品牌建设模式，但对于企业平均经营规模、产品加工销售方式和产业运营实力等存在明显差异的农产品来说，应该采用差别化的品牌建设策略。

（1）单一大型龙头企业领导型产业。由于具有企业自身实力强、区域（行业）影响力大等特点，应着力实施大型龙头企业带动地区公共品牌同企业自有品牌合力并进的策略。

（2）多家中小龙头企业共同引领型产业。通常一个地区内同类企业不止一家，企业之间既存在市场竞争关系，又有技术合作需求与地区品牌共建利益，其品牌建设应依托烟叶产业综合体，综合体应由同类企业中实力最强的企业领衔，并由烟草企业组织实施相关生产技术标准（规范）与地区公共品牌使用门槛，甚至共同注册使用1~2个企业品牌，实行地区公共品牌与企业自有品牌的双重共建共享，缩短品牌建设周期，提高品牌建设效率。可结合已有销售渠道和供销合作社，申请注册商标，延伸经营范围，开展质量安全与认证标准检测并出具产品可追溯证明,探索"互联网+"销售模式,把天然生态资源转化为绿色优质农产品,实现优质农产品的优价销售,逐步形成品牌效应。

(三)厘清各主体品牌建设权责

农业品牌建设主体是农业品牌建设的实施者和直接受益者,只有厘清并明确主体权责,才能有效发挥农业品牌最优效益,保障主体利益最大化。

地方政府兼具农业品牌建设制定者与执行者的双重角色,占据主导地位。应将地区公共品牌的申报、建设和维护作为地方政府现代农业发展的任务之一,加大农业品牌认证、推广、保护和延伸等环节的体制机制建设。同时,地方政府应明确地区公共品牌使用门槛与规则,建立完善的品牌管理体系。

烟草企业是地方政府与农业企业的协调者,具有纽带作用。烟草企业是农业品牌建设的直接监督者,应提供生产标准(规范)与产品品质监管等服务,并直接承担地区公共品牌的日常维护、授权管理、利益分享与法律责任。

农业企业既是品牌建设的直接主体,又是品牌建设的实际操作者。农业企业应通过质量有标准、过程有规范、销售有标志和市场有监测等方式提升农业品牌知名度和信任度,完善产品质量追溯体系,承担产品安全质量主体责任。

农户作为参与者,对其的引导与管理应由地方政府、农业企业共同承担,通过技术与资金支持,进行农产品质量标准控制等,使农户既是品牌建设的受益者,也是地区品牌的自觉维护者。

(四)推动农业标准化实现品牌化可持续发展

农业产业化规模化经营是大力推进农业标准化的重要抓手,是大力开展"三品一标"认证的有效手段[①]。"三品一标"是农产品质量安全的品牌象征,推动"三品一标"认证,实现品牌化发展。龙头企业、农民专业合作社作为农业产业化经营的两大主体,要充分发挥示范带动能力与组织协调能力。龙头企业有加工基地、市场、品牌,通过实施"龙头企业+基地+农户"的生产模式,建立紧密型企业、农户利益联结机制,以农业标准化生产为手段,力保原料产品质量安全

---

① 无公害农产品、绿色食品、有机农产品和农产品地理标志统称"三品一标"。

可靠。农民专业合作组织是农村改革的新事物，要充分发挥其纽带作用，组织零散的农户与大市场对接。只有两大经营主体有机结合，才能有序建立起农产品产地准出与市场准入机制，才能共同推进农业产业化经营，实现标准化生产、规模化经营、品牌化发展。

（五）利用数字化完善品牌推广体系

以数字化手段，完善品牌推广体系。丰富农业品牌内涵，需要注重对地区历史文化的挖掘和整理，建立数字农业品牌平台和核心数据资源库，将现有优质、特色农产品信息全部收集入库，利用数字新媒体平台宣传和推广烟叶产业综合体非烟农业品牌，利用互联网开展线上农业品牌文化宣传，讲好烟叶产业综合体非烟农业故事，强化烟叶产业综合体非烟农业品牌印象，提升品牌辨识度。重点提高消费者对烟叶产业综合体非烟农业品牌的认知和认可程度，增强消费者的消费黏性，在同类农业品牌中占据主导或优势地位。

以数字化技术提升产品质量。农产品品质是农业品牌优势存在的基础。要积极利用数字化技术在农业生产上的优势，在硬件设施上推广智慧农场建设，促进数字农情智能动态监测装备的集成应用，从耕、种、管、收、储等环节提高数字化水平。在软件上要通过对生产流程的数字化分析，改进种植方法和加工工艺流程，促进农产品种植模式、信息化生产管理水平的不断提升，提高农产品的生产和加工效率，保持与同类品牌的竞争优势。

以数字化方式完善品牌推广体系。首先，要提高烟叶产业综合体地区农业农村信息化、智能化水平，推动地理标志产品地方标准上网入库、特色优质农产品建档立卡，搭建农产品质量安全追溯查询系统和绿色农产品认证查询系统，提高农产品信息的公开透明程度，最终实现烟叶产业综合体非烟农业品牌和农产品信息的全域、全局共享。其次，要加强科技人才队伍建设，定期组织各类主体专业技术人员参加数字农业品牌相关培训，提高从业者技能水平。重点推广数字农业品牌构建、农业品牌数字营销和推广方面的内容，转变现阶段农业品牌内涵单一、品牌营销薄弱和影响力小的现状，使烟叶产业综合体非烟农业品牌真正能够"叫得响""走得出去"。

以数字化思维创新品牌。以数字化思维创新品牌推广机制，重视农业品牌规范化和创新性塑造，在优化农业品牌数字化推广机制的过程中，有效结合品牌建设、质量管理和宣传推广工作，打破惯性思维，创新工作机制。整合各类经营主体，建立统一的品牌主体网站，激发主体活力，提高各类品牌主体的主动性和创造性。积极探索由政府统一规划，政府、行业、企业多主体多维度参与的区域公用品牌建设和使用办法。利用数字媒体加大对烟叶产业综合体非烟农业品牌的宣传、推广力度，强化政府部门对品牌主体的服务和指导力度，提升品牌效能。

以数字化模式推广农业品牌。数字化农业品牌推广可以采用体验式推广和互动式推广相结合的方式。而针对农业品牌推广，产品是最佳的推广媒介，通过对农产品的体验和品鉴可以让消费者产生亲切感和认同感，加深对品牌的了解和认知，实现"直观"的农业品牌塑造和推广。互动式推广指通过电影电视、文体活动等方式将农业品牌信息植入人们的生活中，向消费者传播绿色农产品理念，宣传健康饮食习惯，推广养生方法，从而提高农业品牌的推广效果。同时，这种方式将农业品牌推广转变为与消费者生活相关的推广形式，能吸引更多消费者的兴趣，并使品牌推广更加自然，有效规避硬性推广可能出现的受众排斥问题。

三、品牌化政策建议

农业品牌建设是避免"劣币驱逐良币"，实现烟叶产业综合体有效发展与市场利润保障相统一的关键举措。应处理好政府与市场之间的关系，建立政府干预、市场主导、烟草协调、主体（龙头企业、合作社、农民）参与的品牌建设体系。农业品牌建设既要与地区自然生态环境和资源禀赋有机结合以保证特色化，还要把经营规模化、生产标准化、管理企业化融入其中。结合农业品牌建设经验，本书提出以下建议：

（一）顺应产业调整需求，明确品牌建设重点

农业品牌建设首先应顺应农业发展的基本方向，主动落实国家生态建设战略，对接城乡居民发展需求，结合地区自然资源条件，因地制宜地选择农业结构调整方向与品牌建设重点。同时，根据地区产业发展状况、农业品牌建设对土地

流转服务、产业集群打造、生产标准实施、企业（农户）行为规范的需求，明确品牌建设的短板与政府管理服务的重点。

（二）提升品牌建设意识，加强品牌宣传力度

地区农业品牌推广要求全面提升政府及各类主体的品牌意识，加强地区品牌宣传力度，实施农业品牌价值战略。农业品牌价值包括农业品牌认知度、地域感知度、农产品特性及其价值等因素。地区品牌意识是推进农业品牌价值战略实施的前提。应重视地区政府与经营主体对品牌的感知度，提高生产企业、合作社、种植大户的品牌意识，在品牌打造初期形成合力与共识。加强品牌宣传力度不能单纯停留在传统方式上，可借助淘宝等互联网营销平台、微信等现代交流通信技术、产销对接等新型流通方式，扩大地区农业品牌宣传路径，拓宽农业品牌宣传空间。

（三）拓宽经济回报渠道，显化品牌建设效益

对于兼有公益性与商业性的地区公共品牌，可通过塑造生态优、景观美、产品特的地区形象，推进一二三产融合发展，增大第三产业的发展空间，发展休闲观光农业等，在长期内逐步回收公共品牌建设投入。针对因使用地区公共品牌增加了产品收益的企业，可通过农业企业与烟草企业自发协商机制，确定地区公共品牌使用门槛与付费标准，回收品牌管理维护的日常成本。对于龙头企业等农业品牌主体，可通过延伸产业链条、发展农产品加工、带动农户参与等途径，最大限度地挖掘品牌建设的经济回报。

（四）加大农业政策扶持，保障品牌战略实施

地方可设立财政专项扶持资金，实施品牌培育补贴、以奖代补等政策，推进农产品地理标志认证，引导农业企业参与地区公共品牌建设和企业自有品牌培育。对于企业（大户）经营规模相近、缺乏行业领袖的产业，烟草企业应做好农业技术服务与人才培训、公（共）用基础设施配套、共有品牌培育等工作，增强企业（大户）之间的经济联系与合作关系，推动形成品牌建设合力。此外，可通过聚合地区特色优质农产品、聚集地区农产品竞争力，为品牌建设提供保障。

第六章 贵州烟叶产业综合体信用合作机制研究

第一节 融资机制

在信用合作方面，采用"烟草+烟农+合作社+企业+银行+保险"六方利益联结机制。依托烟草企业大数据平台，通过打通跨部门、跨层级、跨业务的各类数据系统，汇聚多维数据，构建银行保险等金融机构互认烟农信用身份和合作社及企业涉农服务白名单体系，定制非政策性农业保险与金融产品，自动匹配补贴类型，实行全过程在线监管，提升涉农服务质量。

一、农业订单供应链模式

依托烟叶产业综合体提升农业生产效率和效益，重点进行农产品主产区规模化、标准化集中连片生产基地的建设。非烟龙头企业在重点烟叶产业综合体基地布局供应链核心节点，依托集中连片的生产基地将分布于村级的合作社有效连接起来，建立农业订单供应链管理模式，进一步提升供应规模和供应效率，节约流通与交易费用。烟叶产业综合体供应链如图 6-1 所示。

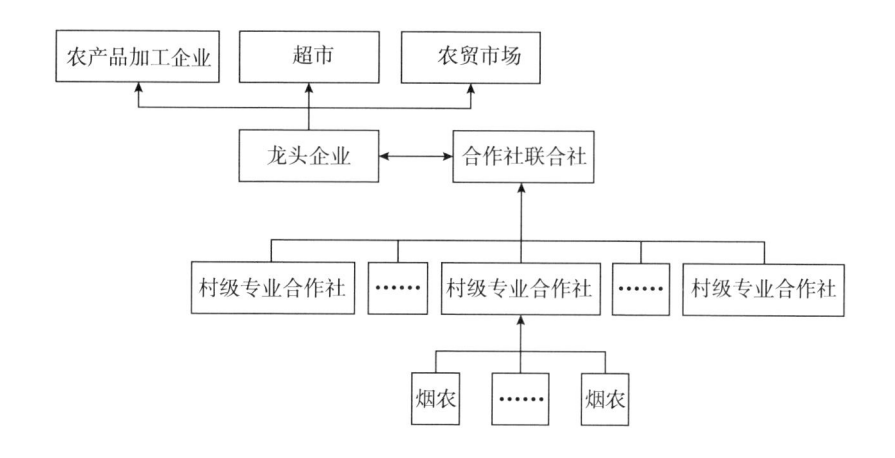

图 6-1 烟叶产业综合体供应链

"龙头企业+合作社联合社+合作社+烟农"的层级化供应链管理模式。首先，龙头企业作为农产品收购、加工企业，与下游食品加工企业、农贸市场建立稳定的供应关系，从而以大批量的供货订单保障供应链运营的规模性、稳定性和持续性。农民专业合作社联合社与龙头企业在重点产区布局农产品仓储基地，并配备高效物流服务体系，从而有效节约流通和交易费用，提升供应效率和效益。村级农民专业合作社将农产品收购直接延伸到产地，农户按照订单直接将农产品按期交付于本村合作社。农户作为上游生产者直接决定供应链整体的稳定性，但其高度分散化的组织特征导致农产品供应规模、供应价格等存在诸多不确定性。龙头企业在与农户签订种植订单合同后，为了解决订单农业中普遍存在的信息不对称和道德风险问题，可设计高于实时市场价格的浮动价格机制，在保障农户收益的基础上构建稳定的农产品供应关系，从源头上解决农产品供应不稳定的问题。同时，各主体可通过设计委托生产、订单农业、贷款担保、入股分红、利益返还等利益联结机制，实现工业生产与农业种植、小农户与大市场的有效对接。

二、供应链金融订单融资

烟叶产业综合体供应链金融订单融资是指在烟叶产业综合体订单农业生产过

程中，企业或者农户以买方产品订单为授信依据，由银行或者其他金融组织提供专项贷款，企业或者农户将获得的资金用于购买订单农业所需材料并组织生产，由贷款提供方或委托方对资金流和物流实施监控，在农产品交付并收到货款后立即偿还贷款。供应链从上游到下游依次为非烟农产品种植的农户家庭、农产品收购与流通的村级农民专业合作社、农产品仓储与集中供应的合作社联合社、农产品加工龙头企业等，资金流通方向逆于产品流通方向。

从涉及主体看，烟叶产业综合体订单融资主要涉及生产主体融资与经营主体融资。

（一）烟农订单融资模式

龙头企业依托大批量的供货订单保障供应链运营的规模性、稳定性和持续性，在此基础上以供货订单为供应链上的相关主体提供融资授信支持。利用组织化的农户规模购置农业生产资料的议价能力，龙头企业与农资超市、农技咨询服务等机构建立批量稳定的供应关系，为农户低价提供所需生产资料（包括种子、化肥、农药、农机具等）。合作社组织农户以所签署订单的生产需求为准向公司申请所需生产资料，公司依据农户申请进行购置并通过合作社交予农户以满足生产所需。农户通过订单，根据所需生产资料所需资金向银行或者其他金融组织申请贷款，贷款直接发放至龙头企业用来购买生产资料。这样不仅解决了分散化的农户个人生产资本不足及融资困难的问题，而且有效规避了农业供应链金融中常见的生产性贷款用于消费性支出的问题。金融机构待农户履行合约交货时，扣掉农户待还的生产贷款后，将货款通过农户在定点银行办理的个人账户支付给农户，以此形成供应链金融的闭环运行，有效降低了金融风险。

1. 单独授信模式

烟农订单融资运行模式为：龙头企业与食品加工企业、蔬菜批发市场、超市等签订大订单后，通过农民专业合作社划分为小订单与农户签订合同，农户通过合作社获得小订单后参保，以订单为依据提出贷款申请，对于经过银行与黔彩云平台信用评定的农户，银行对农产品订单进行审核并发放贷款，生产经营主体组织订单农产品生产，待订单农产品交付后优先以货款偿还贷款。烟叶产业综合体农业订单模式和农业订单融资模式分别如图 6-2、图 6-3 所示。

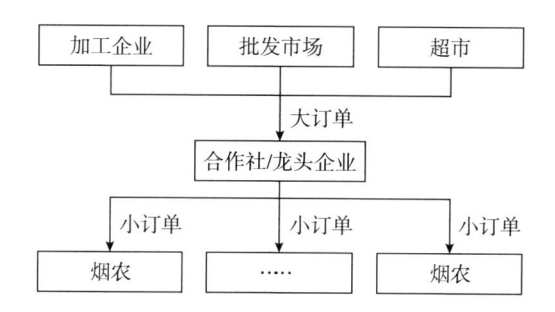

图 6-2　烟叶产业综合体农业订单模式

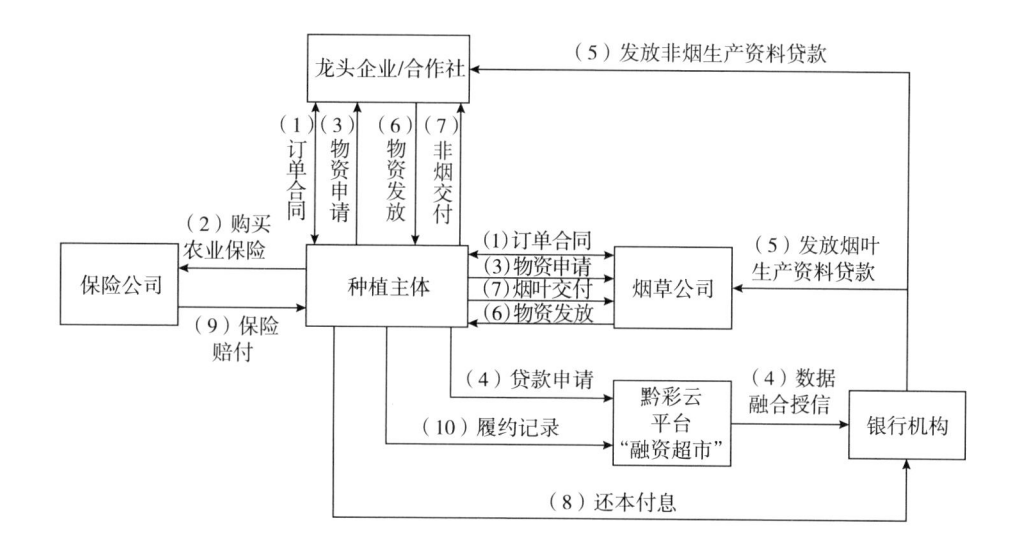

图 6-3　烟叶产业综合体农业订单融资模式

　　烟草公司、龙头企业/合作社分别与烟叶产业综合体种植主体烟农签订烟叶与非烟订单，依据生产标准核算烟叶与非烟农产品在种植标准下的生产资料费用。种植主体通过合同订单向保险公司购买烟叶与非烟农产品农业保险。基于订单合同与保险合同，种植主体通过黔彩云平台"融资超市"向银行机构申请烟叶与非烟农产品生产资料费用贷款。在获得申请主体融资信息后，银行机构与黔彩云平台通过数据融合与隐私计算对贷款申请者进行授信,并分别向龙头企业/合作社、烟草公司发放订单贷款。种植主体利用银行贷款获得生产资料进行生产并分别交付订单烟叶与农产品,种植主体获得收益后优先偿还贷款,不能按时偿还的,由保险公司代偿(有保险的)或按传统方式解决(无保险的),同时,黔彩云平台记录种植主体的订单履约情况。该模式在农户数量不多且集中生产时可以采用。

2. 统一授信模式

统一授信模式是指金融机构在综合考察农民专业合作社所在烟叶产业综合体的经营状况、业绩水平、资信状况等之后,授予农民专业合作社一定的信贷规模,与农民专业合作社签订信贷协议。农民专业合作社在获得金融机构的统一授信后,直接向需要融资的已签订订单的烟农发放贷款,同时对烟农种植进行监控。其主要模式如图6-4所示。

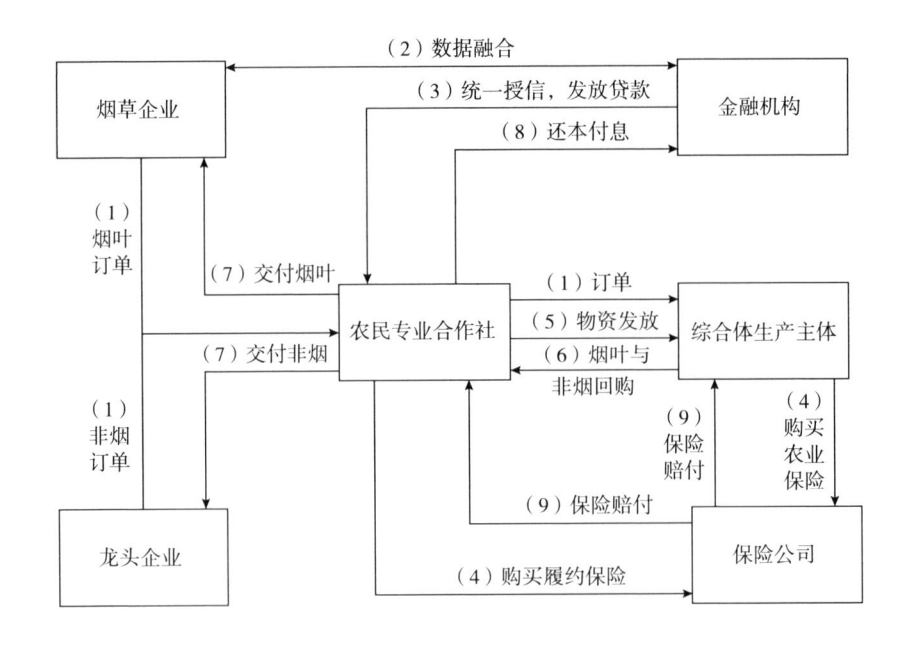

图6-4 烟叶产业综合体统一授信模式

农民专业合作社与农业供应链龙头企业、烟草公司分别签订非烟与烟叶种植订单合同，农户与农民专业合作社签订合作协议。农民专业合作社作为承贷主体向银行申请农业订单融资，供应链核心企业承担连带保证责任，协助农民专业合作社申请贷款。银行对农民专业合作社、核心企业的资信状况进行审核，同时要求农户投保农业保险、农民专业合作社投保履约保险。银行与农民专业合作社签订委托监管协议，负责对农户的生产进行监管。银行发放贷款给农民专业合作社。农民专业合作社依据农户的合作生产协议，将贷款提供给农户用于订单生产，农户不能随意改变资金用途；或者农民专业合作社根据农户的生产合作协议，使用贷款统一采购生产物资资料再交给农户，这样保证了资金用途。农民专业合作社不仅要对农户的农业生产活动进行管理，还应提供相关的农业技术支持，降低农业生产的风险。烟叶及非烟农产品收获后，由农民专业合作社统一收购并销售给烟草公司与龙头企业。烟草公司与龙头企业收到烟叶与农产品后，直接将货款提交到银行指定账户，用于偿还农民专业合作社的借款。扣除本息后的货款由合作社发放给农户。该模式借助农民专业合作社的作用，将分散的农户资金需求批量化，同时借助核心企业的担保，降低了银行信贷的成本和风险。农户依托于烟叶产业综合体进行生产，其采用统一的质量标准和先进的农业生产技术，并集中进行采购和销售，有利于稳定农产品产量并提高农产品质量，提高农业生产的综合经济效益。这使农业生产的经营风险降低，同时有利于银行更有效地控制农业贷款风险。

3. 资金互助组织

农产品订单资金互助组织融资是指订单农业生产主体通过设立资金互助组织等方式，为资金互助组织成员提供订单农业生产贷款。该模式主要依靠生产主体之间的资源整合，资金全部来源于整个生产体系内部，通过资金互助组织实现不同主体之间的资金调剂。

运行模式为：订单农产品生产组织者（农业企业、合作社）组织设立资金互助组织，农户加入资金互助组织成为成员，在订单农产品生产过程中可以向资金互助组织申请贷款，用于购买生产资料，在订单农产品收获并交付销售以后，在货款中直接扣除贷款,剩余款项再支付给农户,贷款全程封闭进行。具体如图6-5所示。

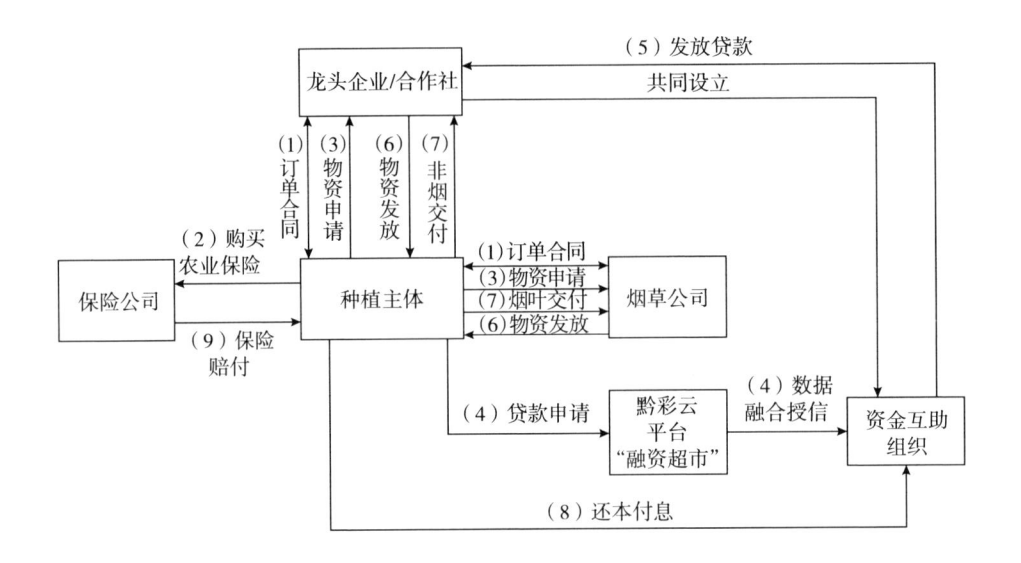

图6-5 烟叶产业综合体资金互助模式

农产品订单资金互助组织融资模式运作机制为:

作为成员的订单农户凭借与专业合作社签订的订单向资金互助组织申请贷款;资金互助组织根据社员提供的订单,综合考虑其信用、担保、抵押等情况,向订单农户发放贷款;订单农户利用贷款组织订单农业生产活动;订单农产品交付以后,资金互助组织在货款中直接扣除贷款,剩余款项再支付给农户。

(二)企业/合作社订单融资模式

经营主体融资是指非烟订单农业组织、销售企业以获得的大额农产品订单进行融资,用于流动资金周转。具体融资模式如图6-6所示。

农业龙头企业或农民专业合作社与大型超市、批发市场签订订单,基于订单合同,农业龙头企业或农民专业合作社通过黔彩云平台"融资超市"向银行机构申请贷款。根据申请融资主体,银行机构与黔彩云平台通过数据融合与隐私计算对贷款申请者进行授信,并发放订单贷款,同时由保险公司提供信用保险。农

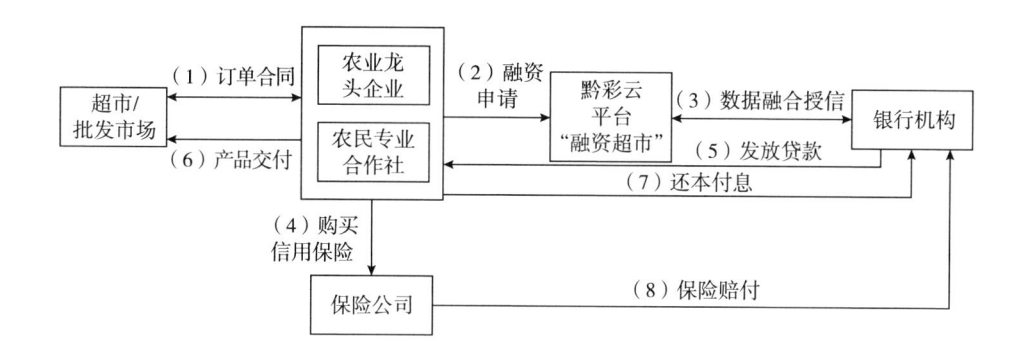

图 6-6 烟叶产业综合体企业主体订单融资模式

业龙头企业或农民专业合作社交付订单农产品后获得销售回款，并向银行还本付息。

（三）农业供应链订单融资最优决策分析

农业产业化发展是贯彻落实"乡村振兴战略"的重要方式，农业产业综合体作为农业产业化的重要载体，其采用订单规模化生产模式，实现"产供销"全链条无缝对接，适应了市场需要，避免了盲目生产。订单农业是近年来烟叶产业综合体主要的农业生产经营模式，它不仅是农业产业化进程中农户与公司合作的主要形式，还是推动农业现代化的重要手段。然而，由于农产品的生产周期跨度较长且前期生产资料投入较多，使订单农业合作中的农户面临较大的生产资金压力。在传统订单融资模式中，农产品订单能够反映出未来的现金流，其作为获取贷款融资的重要依据，为解决农户融资问题提供了新的途径。但是，模式实行中也面临着一系列的问题，如：农产品价格的高波动导致订单价值不稳定、难评估；农户承受风险能力有限，融资的风险大多由银行承担；国内缺乏健全的法律保障和服务，订单登记平台不够规范，农户和订单数据收集不够全面；等等。上述问题的出现使农户违约风险较高，订单融资风险相对较大，金融机构难以有效介入，或者银行介入的贷款利率过高，农户融资成本过高。因此，迫切需要探索新的农业订单融资模式，这对农业产业化发展具有重要的现实意义。

国内外学者对农业供应链金融和订单融资领域的研究表明，订单融资在解决供应链融资问题上效果显著。在已有研究基础上，本书针对传统订单融资模式中出现的融资难和融资利率过高问题，试图融合订单融资、政府补偿基金和保证保险优点，提出"订单+保险+补偿基金"农业供应链订单融资模式，并通过建立博弈论模型，与传统订单融资模式进行对比，为农业供应链金融理论发展增添新动力，为解决农业供应链融资问题提供新的路径。

1. 订单融资模式分析

模式 A：传统农业订单融资。

传统农业供应链订单融资系统主要由农户、公司、银行以及消费市场构成，具体如图6-7所示。

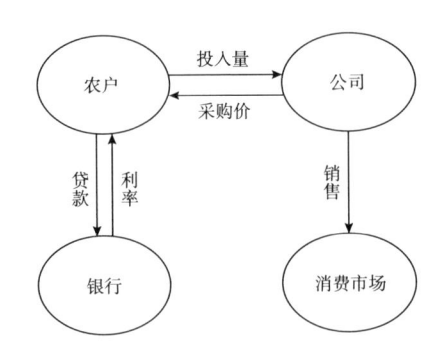

图6-7 模式A：传统农业供应链订单融资模式

传统农业供应链订单融资完成一个生产与销售周期的博弈过程为：银行根据农户贷款情况，决定贷款利率；公司根据给定的贷款利率，决定农产品的收购价；农户根据银行、公司的决策，确定农产品的生产投入量。另外，农户还需根据生产投入量来预估可能发生的生产成本，并向银行申请贷款；银行审核贷款申请后，向农户放款；农户在收到贷款资金后，开始生产，并最终收获一定数量的农产品；公司收购农产品，并向农户支付收购款；农户收到收购款后，优先还贷。如能还清贷款，则结余为农户所得利润，否则农户破产。

模式 B："订单+保险+补偿基金"农业订单融资。

"订单+保险+补偿基金"农业供应链订单融资系统主要由农户、公司、银行、政府、保险公司和消费市场构成，具体如图6-8所示。

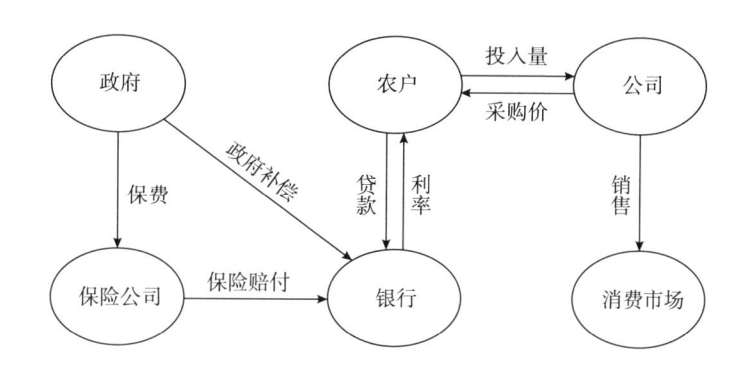

图6-8 模式B："订单+保险+补偿基金"农业供应链订单融资模式

"订单+保险+补偿基金"农业供应链订单融资完成一个生产与销售周期的博弈过程为：政府决定补偿基金政策和贷款保证保险政策，为农户购买贷款保证保险并为农户提供政府补偿基金服务；银行根据政府政策，决定贷款利率；公司根据给定的贷款利率，决定农产品的收购价；农户再根据银行、公司的决策，确定农产品的生产投入量，还需根据生产投入量来预估可能发生的生产成本，并向银行申请贷款；银行审核贷款申请后，向农户放款；政府履行政策承诺，将政府补偿基金给予银行，以及支付贷款保证保险费给保险公司；农户在收到贷款资金后，开始进行生产，并最终收获一定数量的农产品；公司按照一定收购价格收购农产品，并向农户支付收购款；农户收到收购款后，优先还贷。如能还清贷款，则结余为农户所得利润，否则农户破产。

本书中的农户破产，是指农户承担有限责任。在订单农业中，农户往往是能进行一定规模化种植的新型农业经营主体，如家庭农场等，可承担有限责任。当农户的农产品收购款不足以偿还贷款本金及利息时，农户会破产，破产后的贷款余额不用再偿还，由此造成的贷款损失由银行和保险公司共同承担。

2. 订单融资模式博弈模型

（1）模型假设。假设1：将农业生产年份分为丰收年 H 和灾害年 L。农业生产受自然气候和病虫灾害的影响容易出现产出波动的现象，产出不确定是农业生产的特定现象。在丰收年中，自然气候不稳定且病虫灾害较少，农户农产品的产出多；而在灾害年中，自然气候不稳定且病虫灾害较多，农户农产品产出低。根据农户贷款后是否存在破产风险，可分三种情况：第一种情况，在灾害年和丰收年农户均会破产；第二种情况，若遇到丰收年则农户不会破产，若遇到灾害年则农户会破产；第三种情况，在灾害年和丰收年农户均不存在破产风险。考虑实际现实背景，本书假设农户在第二种情况下从事农业生产活动。为使研究结果不失一般性，假设丰收年发生的概率为 g，$0<g<1$，则灾害年发生的概率为 $1-g$。

假设2：丰收年和灾害年的农产品投入产出率不同。设产出不确定性下的农产品投入产出率 x 为离散随机变量，其离散点为 x_H 与 x_L，$x_H>x_L$ 分别对应丰收年的"高产出"与灾害年的"低产出"两种情况。令 μ 为 x 的数学期望，则 $\mu = gx_H + (1-g)x_L$，且 $x_H<\mu<x_L$。

假设3：农业生产是一项规模不经济的产业。假设农业生产投入量为 q，农业生产成本函数为 $C=cq^2$，其中，c 为农户在农产品生产过程中的努力成本系数。

假设4：消费市场确定销售价格。公司将农户按照订单生产的农产品以收购价 w 全部收回，并转手卖到消费市场，其间不计算农产品损失。农产品销售价格是农产品销售量的减函数，需求线性函数 $p=\alpha-\beta qx$，其中，$\alpha>0$，$\beta>0$。

假设5：银行市场是完全竞争市场，银行贷款利率为 r。

假设6：符号假设。上标 F、e、b 分别代表农户、公司、银行。$\prod$ 表示期望利润。

（2）产出不确定下传统农业订单融资模式分析。在传统订单农业中，农户往往是能进行一定规模化种植的新型农业经营主体，如家庭农场等，可承担有限责任。当农户的农产品收购款不足以偿还贷款本金及利息时，农户会破产；破产后的贷款余额不用再偿还，由此造成的贷款损失银行承担。农户在丰收年和灾害年分别获得的农产品收购款为 $q_A x_H w_A$ 和 $q_A x_L w_A$，而农户需还贷的金额为

$(1+r_A)c(q_A)^2$。在假设 1 下，$q_A x_L w_A \leq (1+r_A)c(q_A)^2$ 表示农户遇到灾害年时会破产，$q_A x_H w_A \geq (1+r_A)c(q_A)^2$ 表示农户遇到丰收年时不会破产。当且仅当农户收入刚好等于贷款本息之和时，等号成立。由此可得，农产品生产投入量约束条件是：

$$\frac{x_L}{c(1+r_A)}w_A \leq q_A \leq \frac{x_H}{c(1+r_A)}w_A$$

根据以上基本假设和参数设置，可以分别得到模式 A 中农户、公司和银行的利润函数。

农户的期望利润函数为：

$$\prod\nolimits_A^F (q_A) = \max_{q_A}\{0, g(q_A x w_A - (1+r_A)c(q_A)^2)\}$$

s.t. $\dfrac{x_L}{c(1+r_A)}w_A \leq q_A \leq \dfrac{x_H}{c(1+r_A)}w_A$

其中，$q_A x w_A$ 代表农户农业生产获得的总收入，$c(q_A)^2$ 代表农户的贷款本金，$(1+r_A)c(q_A)^2$ 为农户支付给银行的贷款本息和。

公司的期望利润函数为：

$$\prod\nolimits_A^e (w_A) = E\{p_A q_A x - q_A x w_A\}, \text{ s.t. } w_A \leq p_A$$

银行的期望利润函数为：

$$\prod\nolimits_A^b (r_A) = E\{\min(q_A x w_A, (1+r_A)c(q_A)^2) - c(q_A)^2\}$$

其中，$\min(q_A x w_A, (1+r_A)c(q_A)^2)$ 代表农户所能用于偿还银行的金额。

本书采用斯塔克尔伯格模型解决订单融资模式中的最优决策问题，博弈分为第一阶段、第二阶段与第三阶段，分别对应银行、公司、农户决策。下面将采用逆向归纳法分别求解各自的最优解，首先，求解博弈第三阶段的农户最优生产投入量 q_A^*；其次，求解博弈第二阶段的公司最优采购价 w_A^*；最后，求解博弈第一阶段的银行最优贷款利率 r_A^*。通过求解上式，可得到命题 1。

命题 1：在产出不确定下的农业供应链传统订单融资中，当 $x_H > 2x_L$ 时，农户最优生产投入量 q_A^*、公司最优收购价 w_A^*、商业银行最优贷款利率 r_A^* 分别为：

$$q_A^* = \frac{\alpha\mu}{2\left(\beta\varphi+\frac{\mu}{\lambda'_A}\right)}, \quad w_A^* = \frac{\alpha\mu}{2(\beta\lambda'_A\varphi+\mu)}, \quad r_A^* = \frac{v_A}{1-v_A}, \quad 其中, \quad \lambda'_A = \frac{(1-v_A)x_H}{2c}, \quad v_A =$$

$(1-g)\left(1-\frac{2x_L}{x_H}\right), \varphi = g(x_H)^2 + (1-g)(x_L)^2$。

由于当 $x_H \leq 2x_L$ 时，$r_A^* = 0$，当 $x_H > 2x_L$ 时，$r_A^* > 0$，农户融资成本较高，阻碍农业发展，因此政府需要采取新政策为农户农业生产融资降息。当丰年产出率不超过灾年产出率的2倍时，政府无须介入传统订单融资系统，为农户农业生产融资降息提供新政策；而当丰年产出率超过灾年产出率的2倍时，传统订单融资模式中的银行融资利率大于零，此时政府应该可以介入传统订单融资系统，采取创新政策措施，为银行降低贷款边际成本，降低融资风险，进一步压低银行融资利率，最终为农户降低订单农业生产的负担。这也是本书进行订单农业融资创新模式研究的目的。考虑到本书是通过进行订单融资模式创新来解决传统订单融资模式中存在的融资风险问题，如农户融资风险过高、商业银行存在贷款损失风险而惜贷等，因此 $x_H > 2x_L$ 条件下的均衡结果研究才是本书的重点。

（3）产出不确定下"订单+保险+补偿基金"订单融资模式分析。在"订单+保险+补偿基金"订单融资模式下，政府确定政府补偿基金和保证保险政策，保险公司依据政府保证保险政策签订保证保险合同。政府补偿系数为 s，$0<s<1$；保险保费率为 i；赔付比例为 n，$0<n<1$。当农户生产资金不足需要向银行贷款时，政府需要向银行提供一定补偿 $sc(q_B)^2$，为农户购买贷款保证保险而支付保费 $i(1+r_B-s)c(q_B)^2$。当农户没有破产时，保险公司不进行赔付；当农户因生产而面临破产时，需要保险公司依据贷款保证保险合同理赔额度进行赔付，额度为 $n((1+r_B-s)c(q_B)^2 - q_B x_L w_B)$。

根据基本假设和参数设置，可以分别得到模式 B 中农户、公司和银行的利润函数。

农户的期望利润函数为：

$$\prod_B^F(q_B) = \max_{q_B}\{0, g(q_B x w_B - (1+r_B-s)c(q_B)^2)\}$$

公司的期望利润函数为：

$$\prod\nolimits_B^e(w_B) = E\{p_B q_B x - q_B x w_B\}, \text{ s.t. } w_B \leqslant p_B$$

银行的期望利润函数为：

$$\prod\nolimits_B^b(r_B) = E\{\min(q_B x w_B, (1+r_B-s)c(q_B)^2) + n((1+r_B-s)c(q_B)^2 - q_B x_L w_B) + sc(q_B)^2 - c(q_B)^2\}$$

采用斯塔克尔伯格三阶段博弈模型解决模式 B 中的最优决策问题，在给定政府补偿系数 s、保险赔付比例 n 条件下，将采用逆向归纳法分别求解各自的最优解。首先，求解博弈第三阶段的农户最优生产投入量 q_B^*；其次，求解博弈第二阶段的公司最优采购价 w_B^*；最后，求解博弈第一阶段的银行最优贷款利率 r_B^*。通过求解上式可得到命题2。

命题2：在产出不确定"订单+保险+补偿基金"农业供应链订单融资模式中，当 $x_H > 2x_L$ 时，如果给定政府补偿系数 s、保险赔付比例 n，那么农户最优生产投入量 q_B^*、公司最优收购价 w_B^*、商业银行最优贷款利率 r_B^* 分别为：

$$q_B^* = \frac{\alpha\mu}{2\left(\beta\varphi + \frac{\mu}{\lambda'_B}\right)}, \quad w_B^* = \frac{\alpha\mu}{2(\beta\lambda'_B \varphi + \mu)}, \quad r_B^* = \frac{(1-s)v_B}{1-v_B}。$$

其中，$\lambda'_B = \dfrac{(1-v_B)x_H}{2c(1-s)}$，$v_B = (1-g)(1-n)\left(1-\dfrac{2x_L}{x_H}\right)$，$\varphi = g(x_H)^2 + (1-g)(x_L)^2$。

（4）最优决策比较分析。

命题3：当 $x_H > 2x_L$ 时，$r_A^* > r_B^*$，$q_A^* < q_B^*$。

证明：当 $x_H > 2x_L$ 时，$r_A^* = \dfrac{v_A}{1-v_A}$，$r_B^* = \dfrac{(1-s)v_B}{1-v_B}$，$v_A = (1-g)\left(1-\dfrac{2x_L}{x_H}\right)$，$v_B = (1-g)(1-n)\left(1-\dfrac{2x_L}{x_H}\right)$，$q_A^* = \dfrac{\alpha\mu}{2\left(\beta\varphi + \dfrac{\mu}{\lambda'_A}\right)}$，$q_B^* = \dfrac{\alpha\mu}{2\left(\beta\varphi + \dfrac{\mu}{\lambda'_B}\right)}$，$\lambda'_A = \dfrac{(1-v_A)x_H}{2c}$，$\lambda'_B = \dfrac{(1-v_B)x_H}{2c(1-s)}$。由于 $1 > s$、$n > 0$，$v_A > v_B$，$\lambda'_A < \lambda'_B$，可得 $r_A^* > r_B^*$，$q_A^* < q_B^*$。

命题3表明，在丰年产出率超过灾年产出率的2倍的条件下，农户存在违约的可能。新模式中增加了政府补偿基金和贷款保证保险两项措施,在农户向银行申请贷款并被批准后,政府会提供给银行贷款补偿,保险公司提供违约时的贷款损失赔偿,将融资风险承担方由两方扩展为四方,这使政府和保险主动与银行共同承担订单融资的亏损,降低银行信贷的边际成本,降低银行的融资风险。因此,在完全竞争银行市场的假设条件下,为排除其他银行的竞争,使自身更有竞争优势,银行会主动降低贷款利率来获取市场份额,农户的融资成本也因此降低。

在丰年产出率超过灾年产出率的 2 倍的条件下,农户虽然存在违约风险,但是整体利润均值为正,适当扩大产量对其有利。新模式中增加政府补偿基金和保证保险两项措施,银行会主动降低融资利率,农户的融资成本更低。对于农户来说,在农业生产风险不变的情况下,融资成本的降低会增加农户单位农业生产的利润;对于银行来说,在农业生产状况不变且融资违约风险降低的情况下,银行贷款损失的风险降低,而银行自身的风险承受能力并未变化,此时其倾向于增加对农户的贷款额度。从而在银行增加贷款量和农户扩大生产的双重动机下,农业生产投入增大。

命题 4:在丰年产出率超过灾年产出率的 2 倍的条件下,相比传统模式,采用"订单+保险+补偿基金"模式使公司获得的利润更高;且政府补偿系数 s、保险赔付比例 n 越高,公司获利越多。

证明:当 $x_H > 2x_L$ 时,两种模式下农户和公司的利润函数如下:

$$\prod{}_A^F(q_A^*) = g(q_A^* x_H w_A^* - (1+r_A^*)cq_A^{*2}) = \frac{gx_H}{2}w_A^* q_A^* = \frac{gx_H \lambda'_A}{2}\left(\frac{\alpha\mu}{2(\beta\lambda'_A\varphi + \mu)}\right)^2$$

$$\prod{}_B^F(q_B^*) = g(q_B^* x_H w_B^* - (1+r_B^* - s)cq_B^{*2}) = \frac{gx_H}{2}w_B^* q_B^* = \frac{gx_H \lambda'_B}{2}\left(\frac{\alpha\mu}{2(\beta\lambda'_B\varphi + \mu)}\right)^2$$

$$\prod{}_A^e(w_A^*) = q_A^*(\alpha\mu - \mu w_A^*) - \beta q_A^{*2}\varphi = \frac{\alpha\mu}{2}q_A^* = \frac{\alpha\mu\lambda'_A}{2}\frac{\alpha\mu}{2(\beta\lambda'_A\varphi + \mu)}$$

$$\prod{}_B^e(w_B^*) = q_B^*(\alpha\mu - \mu w_B^*) - \beta q_B^{*2}\varphi = \frac{\alpha\mu}{2}q_B^* = \frac{\alpha\mu\lambda'_B}{2}\frac{\alpha\mu}{2(\beta\lambda'_B\varphi + \mu)}$$

令 λ'_B 是关于 s、n 的函数 $\lambda'_B(s, n)$，则利润函数 $\prod_B$ 是关于 s、n 的函数 $\prod_B(0^+, 0^+)$。

由上可知，传统订单融资模式中 $\lambda'_A = \lambda'_B(0^+, 0^+)$，$\prod_A^F(q_A^*) = \prod_B^F(0^+, 0^+)$，$\prod_A^e(w_A^*) = \prod_B^e(0^+, 0^+)$。

"订单+保险+补偿基金"模式中 $\prod_B^F(q_B^*) = \prod_B^F(s, n)$，$\prod_B^e(w_B^*) = \prod_B^e(s, n)$。

将"订单+保险+补偿基金"模式中农户和公司的利润函数简化为：

$$\prod_B^e(s, n) = \frac{\alpha\mu\lambda'_B(s, n)}{2} \frac{\alpha\mu}{2(\beta\lambda'_B(s, n)\varphi + \mu)}, \quad \prod_B^F(s, n) = \frac{gx_H\lambda'_B(s, n)}{2} \left(\frac{\alpha\mu}{2(\beta\lambda'_B(s, n)\varphi + \mu)}\right)^2$$

根据上述公式得到 $\dfrac{\partial \prod_B^e}{\partial s} = \dfrac{\partial \prod_B^e}{\partial \lambda'_B} \dfrac{\partial \lambda'_B}{\partial s} = \dfrac{\mu}{4}\left(\dfrac{\alpha\mu}{\beta\lambda'_B(s, n)\varphi + \mu}\right)^2 \dfrac{\lambda'_B}{(1-s)} > 0$，$\dfrac{\partial \prod_B^e}{\partial n} = \dfrac{\partial \prod_B^e}{\partial \lambda'_B} \dfrac{\partial \lambda'_B}{\partial n} = \dfrac{\mu}{4}\left(\dfrac{\alpha\mu}{\beta\lambda'(s, n)\varphi + \mu}\right)^2 \dfrac{(1-g)(x_H - 2x_L)}{2c(1-s)} > 0$，可知，$\prod_B^e(0^+, 0^+) < \{\prod_B^e(0^+, n), \prod_B^e(s, 0^+)\} < \prod_B^e(s, n)$，则 $\prod_A^e(w_A^*) < \prod_B^e(w_B^*)$，由此可得命题 4。

其原因是在农户、公司和消费市场组成的农产品供应链中，公司处于领导地位，在利润分配中处于优势地位。在丰年产出率超过灾年产出率的 2 倍的条件下，相比传统模式，在创新模式中，银行会降低贷款利率，农户会适当增大农产品生产投入量，公司会适当降低采购价。从供应链整体来说，资金成本降低所带来的利润会被公司通过降低农产品收购价的手段获取，公司的利润也因此不断提高。而且政府补偿系数 s、保险赔付比例 n 越高，银行的利率越低，公司获利越高。

命题 4 说明，供应链中龙头企业更欢迎创新模式的实施，而且为获取更多利润，龙头企业有动机游说政府将补偿系数 s、保险赔付比例 n 设定得更高。

命题 5：在丰年产出率超过灾年产出率的 2 倍的条件下，相比传统模式，采用"订单+保险+补偿基金"模式不一定更有利于农民增收，但当政府补偿系数 s、保险赔付比例 n 取值为 (s', n') 时，农民获利水平最高且一定高于传统模式中农民获利水平。

证明：对于农户，$\frac{\partial \Pi_B^F}{\partial s} = \frac{g x_H \lambda'_B}{8(1-s)} \left(\frac{\alpha \mu}{\beta \lambda'_B(s, n) \varphi + \mu} \right)^2 \frac{\mu - \beta \lambda'_B(s, n) \varphi}{\beta \lambda'_B(s, n) \varphi + \mu}$，$\frac{\partial \Pi_B^F}{\partial n} = \frac{g x_H (1-g)(x_H - 2x_L)}{16 c(1-s)} \left(\frac{\alpha \mu}{\beta \lambda'_B(s, n) \varphi + \mu} \right)^2 \frac{\mu - \beta \lambda'_B(s, n) \varphi}{\beta \lambda'_B(s, n) \varphi + \mu}$，令 $G = \mu - \beta \lambda'(s, n) \varphi$，可得 $\frac{\partial \Pi_B^F}{\partial s} = \frac{g x_H \lambda'_B}{8(1-s)(\beta \lambda'_B(s, n) \varphi + \mu)} \left(\frac{\alpha \mu}{\beta \lambda'_B(s, n) \varphi + \mu} \right)^2 G$，$\frac{\partial G}{\partial s} = -\frac{\beta \varphi \lambda'_B(s, n)}{1-s} < 0$，$G$ 是 s 的严格递减函数。

$\frac{\partial \Pi_B^F}{\partial n} = \frac{g x_H (1-g)(x_H - 2x_L)}{16 c(1-s)(\beta \lambda'_B(s, n) \varphi + \mu)} \left(\frac{\alpha \mu}{\beta \lambda'_B(s, n) \varphi + \mu} \right)^2 G$，$\frac{\partial G}{\partial n} = -\frac{(1-g)(x_H - 2x_L)}{2c(1-s)} < 0$，$G$ 是 n 的严格递减函数。由 $\frac{\partial \Pi_B^F}{\partial s} = 0$，$\frac{\partial \Pi_B^F}{\partial n} = 0$，可得 $\lambda'_B(s, n) = \frac{\mu}{\beta \varphi}$。令 s'，n' 满足 $\lambda'_B(s', n') = \frac{\mu}{\beta \varphi}$。

因此，当 $\lambda'_B(s, n) < \lambda'_B(s', n')$ 时，$\frac{\partial \Pi_B^F}{\partial s} > 0$，$\frac{\partial \Pi_B^F}{\partial n} > 0$，可得 $\Pi_B^F(s, n) < \{\Pi_B^F(s', n), \Pi_B^F(s, n')\} < \Pi_B^F(s', n')$；当 $\lambda'_B(s, n) > \lambda'_B(s', n')$ 时，$\frac{\partial \Pi_B^F}{\partial s} < 0$，$\frac{\partial \Pi_B^F}{\partial n} < 0$，可得 $\Pi_B^F(s, n) > \{\Pi_B^F(s', n), \Pi_B^F(s, n')\} > \Pi_B^F(s', n')$；当 $\lambda'_B(s, n) = \lambda'_B(s', n')$ 时，$\frac{\partial \Pi_B^F}{\partial s} = 0$，$\frac{\partial \Pi_B^F}{\partial n} = 0$，$\Pi_B^F(s, n) = \{\Pi_B^F(s', n), \Pi_B^F(s, n')\} = \Pi_B^F(s', n')$。$(s', n')$ 是 $\Pi_B^F(s, n)$ 的极大值点，$\max\limits_{\substack{0 < s < 1 \\ 0 < n < 1}} \Pi_B^F(s, n) = \Pi_B^F(s', n')$。

$\lambda'_B(1,1)$ 趋近于无穷大, 可知 $\prod_B^F(1,1)$ 趋近于 0, 农民无法从中获得利润。

可知 $\prod_B^F(s',n') > \prod_B^F(0^+,0^+) > \prod_B^F(1^-,1^-)$, 则 $\prod_B^F(s',n') > \prod_A^F(q_A^*) > \prod_B^F(1^-,1^-)$, 即传统模式中农民利润介于创新模式中农民利润的最大值与最小值之间, 由此可得命题 5。

命题 5 说明, 在实施创新模式的过程中, 如不考虑实际情况, 政府提高补偿系数 s、保险赔付比例 n, 并不一定对农户有利, 有时会适得其反。

（5）结论与建议。订单融资是解决订单农业中农户融资问题的一项融资模式, 但是其在施行过程中仍然存在融资利率高和银行惜贷的问题。鉴于此, 本书依照传统订单融资模式, 加入贷款保证保险和政府补偿基金这两项措施, 提出"订单+保险+补偿基金"的农业供应链订单融资模式, 并构建两种订单融资模式的数学模型, 结果表明, 当丰年产出率超过灾年产出率的 2 倍时, 传统订单融资模式和"订单+保险+补偿基金"订单融资创新模式中的银行融资利率均大于零但不相等, 采用"订单+保险+补偿基金"模式, 能够使银行主动降低融资利率, 降低农户的融资成本, 增强农户生产积极性, 降低公司的最优采购价格。当政府补偿系数、保险赔付比例达到一定值时, 农民获利水平最高且一定高于传统模式中农民获利水平。

三、综合体投资融资机制

投资方面重点形成"政府主导、烟草搭台、企业唱戏、多种所有制共同参与投资"灵活的投融资机制, 建立多元的、多渠道的投资方案, 把政府公共财政、企业工商资本及其他资本有机整合, 可采用合作、股份、借贷和引用风险投资等方式。可由政府与烟草共同投资启动, 吸收企业、民间资金等, 采用"烟草公司/龙头企业+当地政府+科研院所+烟农"的投入机制。政府与烟草公司、龙头企业采用"PPP"模式, 合作建设项目。引进农业科技专家, 鼓励其通过科技参股的方式提供服务。把当地和周边农民组织起来, 通过合作社采用土地使用权、投资、投劳等多方式参股, 让农民做股东。在综合体建设已取得一定成效的基础上，成立农业股份公司，向社会募集或者众筹，但最终的经营管理必须以企业为主体。同时，投资形式可多样化，货币资金、土地、技术（含专利和成果）、劳动力等都可用来投资，关键在于投资利益明确化，必须明确各投资主体的利益，要让所有投资者均有利可图、有钱可赚，才会调动投资积极性，激发投资者的投资热情。烟叶产业综合体投资机制如图6-9所示。

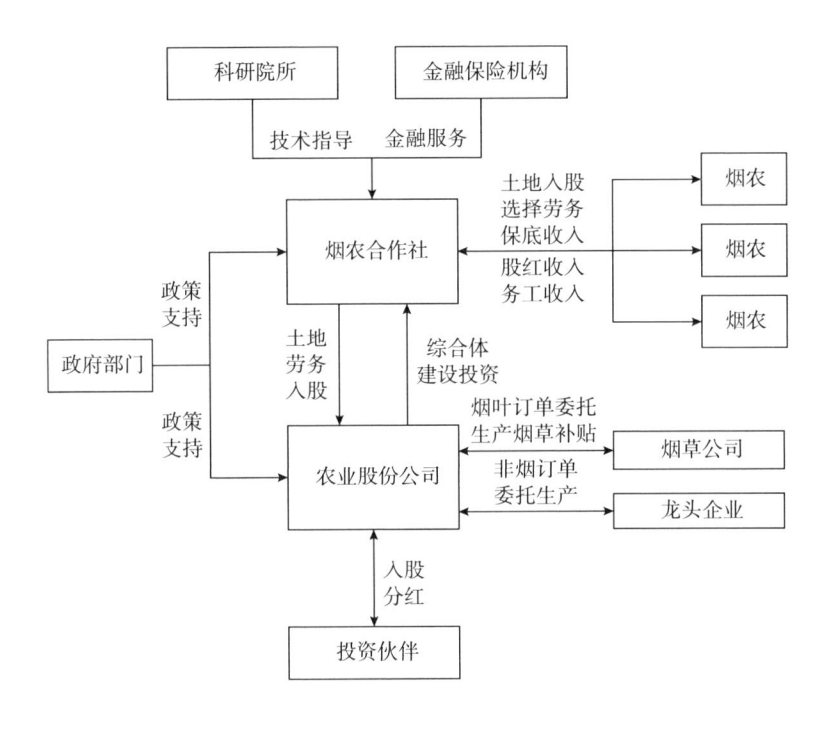

图 6-9 烟叶产业综合体投资机制

在具体模式选择上，可选择合作模式，即由烟草企业与龙头企业主导，多方共同出资组建农业股份公司，农业股份公司负责农业综合体内部运营，并按照统一标准生产、统一品牌销售，进而实现价值的提升。同时也可选择其他烟叶产业综合体基地模式，由农业股份公司提供生产标准，规模化烟叶产业综合体或者基地负责生产，按照合约销售产品。此外，还可同时结合两种模式，即同时采用合作生产模式与加盟基地生产模式。

第二节 保险机制

一、完全成本保险和收入保险

在目前影响烟草农业收入的因素中，自然风险是最主要的因素。在烟草农业综合体中，非烟农产品最主要的风险是自然风险和市场价格。农业保险作为风险对冲的一种工具，具有风险管理和风险保障的重要功能，能够帮助烟草农业综合体中烟农及企业规避自然风险和市场风险，并在一定程度上减少甚至弥补两大风险给农户造成的利润损失。

农业保险主要有产量保障保险、价格保险、收入保障保险三类。产量保障保险主要用于减少烟叶及非烟农产品因自然因素，如洪水、涝渍、冰雹、风灾、霜冻、病虫害等自然灾害造成农作物产量下降而造成的利润损失。农作物产量保障保险用于管理自然风险，以农产品产量作为保险标的。价格保险是为了规避农产品因市场波动造成价格下跌的一种保险，它的保险标的是市场价格。收入保障保险以被保人的收入为保险标的，当收获期的实际收入小于保障收入而且导致收入降低的原因在保险范围内时，农户就可以通过购买的收入保障保险获得一定的赔偿金。收入保障保险是目前国内外广泛使用的一种农业保险，仅这一种农业保险就可以规避自然风险及市场风险的影响。为了更好地解决"三农"问题，促进农村经济、农业的发展，应大力推动收入保障保险在烟区的全面普及，建立完善的组织机构以更好地促进收入保障保险的进一步发展。

按照党中央、国务院决策部署，紧紧围绕全面推进乡村振兴，推行烟叶产业综合体完全成本保险和收入保险，是农业保险服务高质量发展的具体举措，对推动农业保险转型升级、进一步提高农业生产抗风险能力、逐步构建市场化的农业生产风险分散机制、切实调动农户种烟积极性具有重要的现实意义。

保险原则。结合当地财力状况和农业保险发展实际，循序渐进、因地制宜开展烟叶完全成本保险和种植收入保险。推行烟叶产业综合体完全成本保险和种植收入保险的地区以及有关农户、农业生产经营组织、承保机构均应坚持自主自愿原则。

保险品种。保险品种为完全成本保险和种植收入保险。完全成本保险是保险金额覆盖物质与服务费用、人工成本和土地成本等农业生产总成本的农业保险。完全成本保险的保险责任应涵盖当地烟叶产业综合体主要的自然灾害、重大病虫鼠害、意外事故、野生动物毁损等风险。种植收入保险是保险金额体现农产品价格和产量、覆盖农业生产产值的农业保险。种植收入保险的保险责任应涵盖减少因农产品价格、产量波动导致的收入损失。

保障对象。保障对象为全体农户，既包括规模经营农户，也包括小农户。允许村集体组织小农户集体投保、分户赔付。

保险标的。保险标的为烟叶产业综合体烟叶及非烟叶农作物。

承保管理。承保机构应当公平、合理地拟定保险条款和保险费率，保险费率应按照保本微利原则确定。承保机构应当加强承保理赔管理，对适度规模经营农户和小农户都要做到承保到户、定损到户、理赔到户，因地制宜地制定定损工作标准，对定损办法、理赔起点、定损流程、赔偿处理等具体问题予以规范，切实维护投保烟农合法权益。在烟农同意的基础上，可以乡镇或村为单位抽样确定损失率。补贴险种不设置绝对免赔，科学合理地设置相对免赔。

为了鼓励农民积极投保，烟草企业可与相关金融机构合作，在订单融资的基础上建立"信贷+保险"的服务模式。通过购买完全成本保险和收入保险，农民不仅可以得到理赔，还有助于农民获得贷款。通过农业保险的保障，金融机构可以放心地贷款给农民。通过投资，农民可以获得更多的收入，从而提高农民的投保积极性。

二、探索互助合作制农业保险服务

探索建立政府与烟草公司共同支持下的烟草农业互助合作制保险模式，在完全成本保险和收入保险的基础上进行补充。在互助合作的保险模式中，投保人既是保险人又是被保险人，利益高度一致，同时，他们对于本土的农业生产状况、农作技术等都比较了解，基于共同的利益格局易于形成一种互相监督的机制，从而可以有效防止道德风险和逆向选择。具体如图6-10所示。

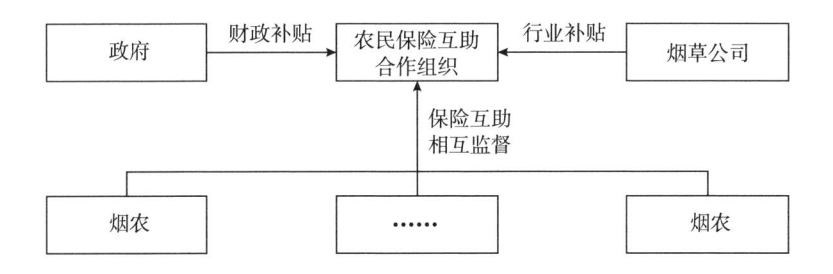

图 6-10 烟叶产业综合体保险互助模式

保险互助合作社职责分配清晰，能够有效地提高农户投保积极性。互助合作组织比较贴近基层，其险种是根据农户的需要而设计的，这样农户的保险需求直接反映到险种的开发设计中，使农户获得真正所需的保险产品。此外，互助合作组织是社员在自愿基础上建立的，自负盈亏、风险共担，利益共享的合作组织不以营利为目的，因而保费的设计会比较合理，能提供优惠的保险价格。

互助合作制下的农业保险服务体系有利于核保理赔顺利进行。互助合作制的社员通常是本土的农户，他们对本土的地理位置以及农业情况比较理解，并且有些是精通农业技术的农户，因而他们对农业所面临的风险有比较清晰的认识，因而在开展农业保险的承保、核损、理赔等工作时能快速高效进行。

第三节 补贴机制

一、土地规模化补贴

农地规模化补贴核心在于打破土地规模细碎且分散的局面，形成具有一定规模且连片集中的土地，进而实现农业生产全要素的规模效益。如烟草公司对集中连片200亩以上且当年种烟的地块，每亩给予适当补贴，确保优质土地资源长期稳定、以烟为主、高效利用。

引入补贴考核机制。由于土地规模化补贴是仅与土地流转面积挂钩的现金直补，未必能够充分调动经营主体的积极性，且易引发诸多偏离政策预期的结果，如经营主体为套取财政补贴，通过粗放经营管理方式，降低生产成本，偏离烟草行业政策目标。对此，可以引入补贴考核机制，根据补贴对象考核得分给予不同额度的补贴。

考虑流转土地的最低收益。土地规模化的实质是小农户将农地经营权流转至新型经营主体，从而退出土地经营，这既需要新型经营主体积极参与，也需要小农户配合。要解除小农户流转土地的后顾之忧，必须确保其基本生活水平不因土地流转而下降，因此，在提供土地规模化补贴的同时还应考虑小农户流转土地的最低收益。

二、服务规模化补贴

农业服务规模化是通过农业生产经营服务的规模化降低农业生产经营成本。烟草行业政策性扶持服务规模化补贴主要有固定绿色防控设施、配置梳式金属烟夹、配置烟用农机、配置植保无人机、土地流转补贴等。从服务规模化的定位来看，服务规模化补贴应当向小农户倾斜，通过带动小农户参与现代农业服务，从而实现小农户与现代农业的有机衔接。在实践中，服务规模化补贴对象主要是提供服务的主体而非接受服务的农户。此种补贴方式既难以实现降低服务成本的初衷，也无法激励小农户积极购买社会化服务。从更为精准地调动小农户参与现代农业积极性的角度考虑，可以将服务规模化补贴更多地向小农户倾斜。考虑到现金直补方式激励效果差，可以考虑运用服务代金券的方式补贴小农户。

减少或取消对农药和化肥等农业投入品在生产流通及使用环节的补贴，将农业补贴的重点放到激励绿色安全农产品的生产和农业生态环境的保护上。

第四节 政策支持

政策支持是综合体得以发展的前提。政府上下要充分认识到现代农业综合体作为现代农业发展新模式在现代农业发展中的重要地位，把发展烟叶产业综合体作为推动区域农业现代化和现代农业转型升级的重要新型载体，并列入政府重要发展规划中，制定与之配套的相关扶持政策和对策措施。建议成立政府领导牵头、烟草行业及多部门联合参与的农业综合体建设领导小组，从政策、人才、环境等方面制定导向性、鼓励性的办法，用于鼓励、指导综合体发展，为综合体建设的深入推进提供政策保障和驱动力，吸引和鼓励有实力的企业、民间资本积极参与现代农业综合体建设。实现投资政策倾斜化，体现政策的驱动力。由于烟叶产业综合体同样有投资规模大、回收期长、存在一定的风险等现代农业投资特征，政府应对投资综合体建设的企业给予政策上的倾斜，降低农业投资的机会成本，使投资者在进行投资比较分析中看到投资农业的希望，尝到投资农业的甜头。政府可以出台政策，鼓励多方投资，政府、集体、个人、社会力量、企业、事业单位、外商以独资、合伙、入股形式投资，应给予鼓励；做到在政府统一规划布局下的"谁投资、谁受益"，切实保护投资人的合法权益，并给予投资人一定的减免税收、信贷支持等优惠；允许以土地、技术入股或赋予技术成果人一定的产权权益。

一、加强政策扶持

将订单农业作为发展现代农业的重要战略举措，完善订单农业产业扶持政策，落实税收优惠、财政贴息等帮扶措施，鼓励、引导、促进订单农业发展。政府与烟草行业共同搭建烟叶产业综合体大数据平台。烟叶产业综合体全产业链均在大数据平台上进行，通过大数据平台为财政资金、行业补贴划拨、金融服务、农业保险等提供数据与技术支撑。

二、规范融资流程

用足用好龙头企业、农民合作组织、家庭农场、小农户的额度放宽和利率优惠等信贷支持政策，主要用来解决相关主体缺乏资金的问题。由政府部门牵头对接金融部门，有效解决种植投入、企业周转等资金问题。一是出台订单价值评估制度。建设农产品订单第三方评估体系和标准，解决农产品订单价值评估难的问题。根据非烟农产品交易价格指数，综合考虑当日交易价格指数、近 3~5 年农产品平均价格、农业生产资料的价格变化评估订单价值。二是严格放贷程序。农户向金融机构提供订单和贷款申请书，金融机构结合实地与黔彩云大数据平台考察农户信用及还款能力，审查农户相关资料的合规性、真实性，确定质押率，登记订单质押贷款，并针对生产订单质押贷款制定操作规程，从贷款用途、条件、贷款制度、期限、利率到贷款程序、风险管理等都做出详尽的规定。三是加强风险防控。龙头企业与农户约定最低保护价；合理确定订单质押率，一般不高于订单金额的70%；设立农户专用账户，实行资金封闭运作。

三、创新融资方式

一是推动保险机构进一步拓展农业保险覆盖面，探索开办贷款保证保险，对农产品订单银行贷款融资、资金互助组织融资均给予承保，推动农产品订单融资业务发展。二是引导银行金融机构针对农产品特点，根据融资主体订单动态特性，开发订单动态融资产品，满足各订单动态变化的融资需求。三是针对资金互助组织融资，引导银行机构制定专门的办法，开发专门产品给予一定的信贷支持，充分发挥资金互助组织对订单农业的融资支持作用。

四、完善风险机制

一是以"贷款保证基金+保险超赔"模式实现风险分担，由政府、保险机构、生产者共同设立贷款保证基金，当生产者无法偿还贷款时，由贷款保证基金偿还，不足部分由保险公司与银行共担。二是提供多样化保险。探索开发农业订单信用保险、小额贷款保证保险、农作物种植保险和国内贸易信用保险产品，覆盖订单融资的各个环节。三是依托大数据平台，对贷款风险进行评估与控制，对农业保险中的欺诈行为进行辨识，实现精细化运营，降低订单融资风险。

第七章 贵州烟叶产业综合体利益联结机制研究

烟叶产业综合体"多元融合"产业体系是一个多产业、多业态、多功能、跨地域组织体系,需要把尊重市场规律与强化企业的社会责任有序结合,建立并完善利益联结机制,推进农业综合体内农村产业融合可持续发展。烟叶产业综合体应以市场发展为导向,通过市场机制将不同地域、不同业态、不同产业的生产者、加工者、销售者和服务者联结在一起,优化土地、人才、资金、科技等生产要素的配置,合理分配各类生产要素在产前、产中、产后各环节的投入比例,提高资源产出效率和产业整体利润。

第一节 利益联结机制的内涵

一、利益联结机制的内涵及构成

所谓利益联结机制,是指经济活动中各利益主体间发生联系和交互所形成的利益关系及调节制度。按照行为学的激励约束理论,利益联结关系是利益主体选择的结果,其紧密程度取决于是否形成对行为人的激励效应,以及能够维系合作稳定的约束效应。激励效应是诱发利益主体采取行为,约束效应是迫使利益主体接受行为规范的系列制度安排或规则。因此，利益联结机制应包括利益生成机制、利益分配机制、利益保障机制和利益调节机制，四者相辅相成，缺一不可。其中，利益生成机制是基础，利益分配机制和利益调节机制发挥激励效应，利益保障机制发挥约束效应。

（1）利益生成机制。即通过特定的经济活动形成可供分配的收益。利益生成是经济主体从事经济行为的基础。对于个体经济活动而言，意味着收益要大于成本；对于主体之间的合作而言，意味着合作所获收益要大于等于各自从事经济活动的收益之和，即要实现利益增值，否则合作行为将不可持续。在农业产业化发展过程中，利益生成机制是利益联结机制的基础，实践中一般由各利益主体通过合作从而降低生产成本、提高要素利用效率、拓展经济活动范围、防范经济活动风险，从而实现利益的增值。

（2）利益分配机制。即将收益合理划分给不同利益主体，以保证收益合理归属的制度性安排。利益分配发挥促成利益主体进行合作的激励效应，是利益联结机制的核心。在公平竞争的市场环境下，利益分配关系的形成，主要以效率为导向，由市场主体决定，是市场竞争选择的结果。事实上，当前工商资本参与乡村振兴的领域已经超出了产业化经营领域，实践中出现了更为多样的利益分配关系。

（3）利益保障机制。即约束利益主体、维护合作关系的制度性安排。在市场功能残缺和信息不对称情况下，只有利益分配机制很难保障合作关系长期稳定。特别是，在当前我国农村信用体系不健全的条件下，利益主体间双边、多边违约现象比较多，造成市场交易成本过高，这也是我国订单农业长期难以发展的重要原因。构建对利益各方具有约束力的机制，有利于增强利益分配关系的稳定性，这是政府参与利益联结机制建设的重要原因，也是政府作用的重要环节。

（4）利益调节机制。即政府参与调节收益分配关系的制度性安排。一般而言，在市场机制充分成熟的条件下，一次分配就能实现利益的有效分配，无需进行第二次分配或利益的再调节。但实践中却难以实现利益的有效分配，并且，即便是最成熟、最有效率的市场经济体制，也不可能对纷繁复杂的利益关系进行自动修补和矫正。因此，需要政府参与利益调节机制建设。政府参与常见于以下两种情形：一是市场失灵领域，需要政府弥补外部性，促进市场效率，提高和增进社会公平。二是政府为保障特定方利益。我国农户组织化程度较低，分散小农户相比工商企业话语权少、谈判能力弱，为保障农民合理利益，政府有必要采取一定措施引导利益分配。利益联结机制构成如图 7-1 所示。

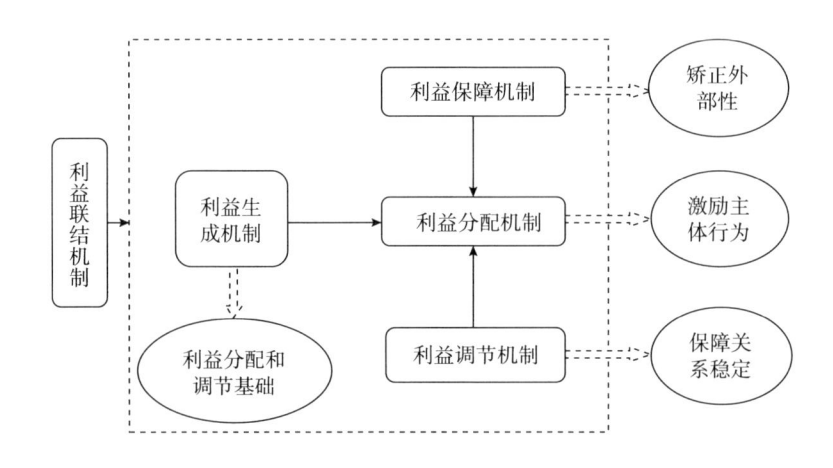

图 7-1　利益联结机制构成

概括而言，一个稳定、紧密的利益联结机制，需要利益生成机制、利益分配机制、利益保障机制与利益调节机制有机协调、共同作用。利益生成机制是利益联结机制的基础，是各利益主体进行合作和利益分配的前提；利益分配机制是利益联结机制的核心，是激励利益各方进行长期合作的关键；利益保障机制能够约束各方行为、保障契约关系的稳定性，是维护利益分配机制稳定运行的基础；利益调节机制具有政府矫正外部性与推动政策目标实现的作用，是对利益分配的微观调整。

二、利益分配机制的类型及优劣

利益分配机制是利益联结机制的核心，同时也是最为复杂的部分。在农业产业化发展实践中，各地依据自身实际情况，采用多种多样的利益分配方式，主要有以下基本类型：

一是市场化分配方式。该方式是农业产业化各参与主体根据市场行情和自身需求，凭借自己的市场能力，在市场上随机收购或出售农产品，各主体之间不预先签订合同，产品自由买卖，价格随行就市，相互之间是纯粹通过市场竞争产生交易。这种利益分配方式是农业产业化发展的起点阶段，各利益主体之间处于松散型的状态。该方式的优点在于简单直接、权责清晰，各方的独立性和灵活性较强，但其局限性也非常明显，双方交易的交易费用较高，同时，农户由于组织化程度较低、市场地位较低等因素极易出现利益受损。

二是契约式分配方式。该方式是经各利益主体之间的平等协商，通过签订具有法律效力的产销合同或服务合同，明确规定双方的责、权、利，以契约关系为纽带，建立相对稳定的利益分配关系。这种利益联结模式发展时间较长，群众基础较好，获得了新型农业经营主体和小农户的普遍认同。随着近几年城乡居民消费水平的提高，新型农业经营主体对农产品原料的品种、品质的要求越来越高，单纯以产品购销合同为纽带的合作模式已不能满足要求，很多经营主体积极探索，在与农户签订合同的基础上引入"几统一"服务，向物资配送、技术服务、风险保障等领域扩展，以实现对原料品质的掌控。但该方式也同样存在局限性，维系双方关系的只有经济利益，且双方利益天然存在冲突，一旦市场价格与合同规定的价格出现较大差别，双方利益必将发生矛盾，就会出现农户离弃企业或者企业抛弃农户的现象，契约将无法履行，双方利益也得不到有效保障。

三是股权式分配方式。该方式是指各利益主体以其自身拥有的土地、劳动、技术、资金等生产要素成立股份合作企业，各方按照持股比例参与或监督企业经营管理。各利益主体之间不仅有严格的经济约束，而且作为共同的出资者组合成新的企业主体，形成了"资金共筹、利益均沾、积累共有、风险共担"的经济利益共同体，充分调动了各方积极性。这是农业产业化的一种比较理想的利益分配方式，是各方利益联结的高级形式。该利益分配方式下，各方将形成紧密型的利益联结关系，进而分享全产业链收益。尤其是农业产业化中的股份合作方式，农户可通过土地经营权、农机具、资金等入股,从而成为股东直接分享加工、流通等产后环节的增值收益,进而增加农民收入,这是其主要优点。但也需要注意到,该方式让农户成为股东可以有更多的获利空间的同时,也带来了较高的风险,而且制度设计比较复杂,目前新型农业经营主体和农户积极性还有待提高。

第二节 利益联结机制的特殊性

一般来说,在农业产业化发展过程中,各主体之间的利益联结机制设计得合理与否决定着产业发展的生命力,只有充分尊重市场经济规律,建立起合作共赢、共同发展的内在运行机制,才能保障农业产业长远与稳定地发展。利益联结能否形成以及联结的稳定性主要是由各主体风险与收益的对比决定的。一般来讲,各主体参与农业产业化发展的基本动因是追求利益最大化,获得的利益回报越高,参与欲望就越强。与一般工商资本带动农业产业化发展有所不同,作为现代烟草农业高质量发展重要载体的烟叶产业综合体受烟草行业特殊性的影响,其利益联结机制也有其特殊性。

(1)综合体的运营目的与一般工商资本不同。一般工商资本参与农业产业化发展的根本目的在于追求利益最大化,因而与其他主体(主要是农户或专业合作社)之间存在较大的利益冲突,利益联结机制相对较为脆弱。烟叶产业综合体是乡村振兴背景下烟草产业现代化发展的重要载体和平台,是通过"政府引导、烟草主导、龙头带动、以烟为主、产业互补"的方式,进而实现产业发展带动农民增收、乡村发展及生态增值的目的。这也意味着烟叶产业综合体不仅承担着为烟草行业提供稳定的优质原材料的经济职责,还更多地承担着助力乡村振兴的社会职责。因此,在构建利益联结机制时必须考虑烟草行业所肩负的社会责任。

(2)综合体内利益主体更加多元。与传统农业生产相比,农业产业化发展会涉及更多的利益主体,利益关系相对也更加复杂,通常需要在政府、涉农企业、农户之间构建合理的利益联结方式。但在一般工商资本参与农业产业化发展中，涉农企业通常只有一家，且在农业产业发展中占据主导地位。而烟叶产业综合体则不同：首先，为了实现烟草种植的稳定性，在土地流转时需要满足长期和集中连片的要求，出于降低交易成本的考虑，通常需要村集体及其领办的专业合作社的参与；其次，为了尽量增加综合体内土地经营主体的收益，各综合体基本都采取了轮作茬作种植制度，烟草企业由于其专卖的特殊性只能保证对种植出来的烟叶进行全部收购，其他的农产品则必须引入其他的涉农龙头企业，即在其他农业产业化发展中通常是"单龙头带动"，而在烟叶产业综合体中通常是"多龙头带动"。结合各烟叶产业综合体的实践来看，通常涉及的利益主体包括"基层政府+村集体+集体领办的专业合作社+农户+经营主体（种植大户、家庭农场、种植合作社）+烟草公司+非烟农业企业"等。

（3）综合体内存在相互交融的多条利益链。烟叶产业综合体是"以烟为主"的现代农业产业综合体，烟叶种植产业链是其核心产业链，所涉及的主体包括烟草企业、种烟主体、村集体领办专业合作社和土地流转农户，它们在烟草业种植过程中形成了综合体内"烟草企业→种烟主体→合作社或土地流转农户"的核心利益链。同时，考虑到农民增收问题，烟叶产业综合体在实践中形成了"多方共建、多人共舞、多业共生、多端共享"的运行模式，在烟叶生产之外充分整合各种资源，积极发展非烟农业产业，将非烟农业企业、非烟种植主体等利益主体引入综合体的产业发展过程中，并通过多业共生使非烟农业产业链与烟叶种植产业链形成资源共享、相互交叉的关系，进而形成"烟草企业+非烟农业企业→土地经营主体→合作社或土地流转农户"的交叉利益链。另外，烟叶产业综合体还承担着助力乡村振兴的社会责任，因此，在上述以经济利益为主的利益链之外，还存在以非经济利益为主（主要是社会利益和生态利益）的利益链，形成了"烟草企业→政府+村集体+当地所有农户"的外围利益链。从整体发展的角度来看，上述多条利益链存在相互交叉的关系，是辩证统一在烟叶产业综合体内的。

第三节 利益联结机制基本原则

（1）统筹兼顾，合作共赢。烟叶产业综合体的运行与发展从根本上讲离不开各个利益主体的"多方共舞"，只有各方紧密合作，结成利益共同体，才有可能维持综合体的高质量发展。而合作的前提是各方主体能够获得足够的合作利益，且利益回报率越高，利益共同体的联结就越紧密。在市场化发展环境下，各方利益主体的利益诉求不尽相同，这就要求综合体在设计利益联结机制时做到统筹兼顾、求同存异，努力寻求各方利益共同点并积极化解利益冲突，从而实现各主体的合作共赢。

（2）利益多元，社区融入。烟叶产业综合体首先是现代烟草农业高质量发展的重要载体，保持"烟农稳定、烟区稳定"，进而为烟草企业提供优质稳定的原材料供给是其底线目标，这就需要保证在经济利益方面能够吸引各方主体。但同时，烟叶产业综合体也是烟草行业履行社会责任的重要平台，需要充分发挥其助力乡村振兴的社会职能，这就要求综合体不能只追求经济利益，而应该全面融入乡村社区，充分发挥烟叶产业综合体的社会效益和生态效益，为加强乡村建设和推动乡村治理现代化添砖加瓦。

（3）重点突出，链式交叉。为保障实现烟叶产业综合体"以烟为主"的基本目标，需重点关注烟叶生产产业链上各主体的利益联结。同时，烟叶生产产业链所能提供的利益增值毕竟有限，难以对相关主体形成足够的吸引力，因此，需要引入其他产业链作为补充。不同产业链之间形成不同的利益链条，既相互联系又相互区别，综合体内各主体之间的利益联结必将横跨不同的利益链条，从而形成链式交叉的利益联结机制。

（4）因地因时，动静结合。贵州烟叶产业综合体涉及的主体多样，不同主体的利益诉求不同，面临的内外部环境也不同，各主体之间的利益关系不可能存在通用的统一模式，也不存在最好的利益联结机制，必须综合考虑各方因素，以适合为目标，因地制宜地构建不同主体之间的利益联结机制。同时，也要根据综合体自身发展和未来环境变化情况适时调整利益联结机制。

第四节 利益联结机制总体构建

根据上述对贵州烟叶产业综合体利益联结特殊性及利益联结机制基本原则的分析，结合贵州烟叶产业综合体现实情况，本书提出贵州烟叶产业综合体应构建"分层次、多元化、交叉式"的综合式利益联结机制。具体如图7-2所示。

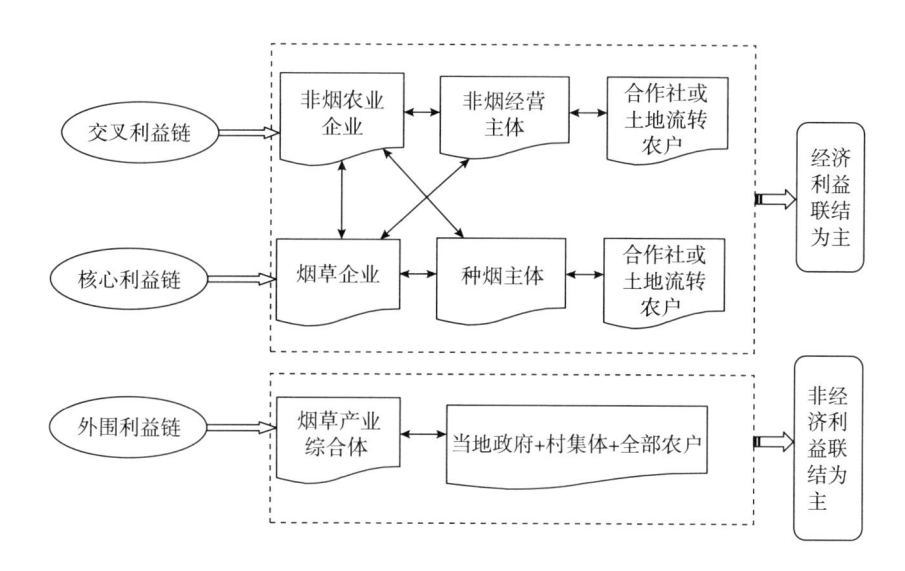

图7-2 贵州烟叶产业综合体利益联结机制

首先，将贵州烟叶产业综合体的利益联结机制涉及的利益主体按其重要性分为核心利益链成员、交叉利益链成员和外围利益链成员三个层次，分别构建不同利益链成员之间的利益联结机制。其次，将不同利益链主体之间的利益联结划分为以经济利益联结为主和以非经济利益联结为主两类，以保障利益联结机制能够满足不同主体的多元化利益诉求。最后，不同利益链上的主体之间并不是完全分割的，其利益诉求可能涉及不同利益链条，导致利益联结机制具备链式交叉的特征。

第五节 利益联结机制具体分析

一、核心利益链主体的利益联结机制

烟叶产业综合体是"以烟为主"的综合性农业产业化发展主体,烟叶种植是基本,也是核心,其所涉及的利益链主体主要有烟草企业→种烟主体→合作社或土地流转农户。

(一)烟草企业与种烟主体之间

这两者之间的利益关系及其调整是综合体内最为核心和重要的部分。利益分配机制是核心,根据农业经济管理理论,最为紧密的股权合作式利益分配机制是首选,但受烟草专卖制度的影响,两者之间不太可能采取股权合作式利益分配机制,而只能采用半紧密型的契约式利益分配方式,但这并不意味着不能采取其他措施进一步加强这两者之间的利益联结,综合体可在利益生成机制和利益调节机制上加强两者之间的联系。

(1)利益生成机制。从烟草企业对种烟主体的作用来看,烟草企业可采取多样化措施增加种烟主体的合作收益:一是降低种烟主体生产成本,包括推进土地集中连片长期流转、加大烟叶生产基础设施建设力度、推动生产技术服务外包、实施上门收购等。二是提升种烟主体烟叶产量和质量,包括加强种植技术培训与指导、推广优质高产烟种、提供标准化烟叶烘烤技术服务等。三是拓宽种烟主体增收渠道,包括推行轮作茬作制度、支持种植主体开展"接二连三"业务等。四是增强种烟主体生产风险防范能力,包括加大防灾减灾投入、推广农业保险等。而从种烟主体对烟草企业的作用来看,种烟主体主要可为烟草企业提供稳定的优质原材料来源,满足烟草企业对烟叶的需求。

(2)利益分配机制。由烟草企业预先确定不同质量等级的烟叶收购价格,并保证收购种烟主体的全部烟叶产品,各烟叶产业综合体在实践中也均是采用这

种利益分配方式。

（3）利益调节机制。烟企需在政策允许的条件下，构建烟叶收购价格的合理增长机制。

（4）利益保障机制。从烟草企业角度来讲，作为负责任的国有企业，在发展自身的同时一直注重履行其社会职责，尤其是在助力乡村振兴领域长期坚持让利于农的行为准则，因此，损害种烟主体利益的可能性较小。从种烟主体角度来讲，虽然双方没有紧密的股权合作关系，甚至也没有明确的交易契约的约束，但考虑到烟草行业的特殊性，种植户几乎不存在跨区销售烟叶的可能性，也不可能向其他主体销售烟叶。因此，双方之间的利益保障是天然存在的，且在烟草专卖制度没有改变之前都是稳定的，并不需要另外构建利益保障机制。

烟草企业与种烟主体的利益联结机制如表7-1所示。

表7-1 烟草企业与种烟主体的利益联结机制

利益生成机制	烟草企业多措并举促进种烟主体收益；种烟主体保障烟叶供应
利益分配机制	契约式利益分配方式
利益调节机制	构建烟叶收购价格合理增长机制
利益保障机制	烟草专卖制度和烟企社会责任

（二）种烟主体与合作社及土地流转农户之间

这两者之间的利益关系可以体现在烟叶种植的全过程中，从土地流转开始，到烟叶种植过程中的生产管理，再到烟叶采收烘烤，两者之间均存在广阔的合作空间。因此，在利益联结的各个方面均存在较大的探讨空间。

（1）利益生成机制。两者联合起来可极大地降低种烟主体的生产成本，从而实现利益增值。一方面，合作社可将分散农户的土地集中起来，统一流转给种烟主体，既降低土地流转的交易费用，又增加了合作社的收入。另一方面，合作社既可向种植主体提供专业化生产服务，节约种植主体的资金压力，也可组建农业产业工人服务中心，将乡村留守劳动力组织起来进行技术培训，满足种植主体的用工需求。

（2）利益分配机制。在两者的合作过程中，可根据实际情况因地制宜地安排并适时调整收益分配方式。一般来讲，在合作经营开展的初期，由于双方之间的信任程度还较低，生产合作方式的经营表现力也相对较弱，可采用"市场交易""租赁合约"等契约式静态收益分配方式，以保障合作发展的效率最大化。随着合作经营的持续深入，应对原收益分配方式进行改革，可考虑采用"保底收入+二次分配""固定租金+利润分红"等动态收益分配方式，以更好地平衡双方利益。至合作经营成熟期，双方的利益联结更加紧密，经营管理日渐成熟，应以股份合作式动态收益分配为主，推行"按股分红"，以成为"风险共担、收益共享"的紧密型利益共同体。

（3）利益调节机制。一是鼓励双方由契约合作关系向股份合作关系转变。二是鼓励双方联合起来在保障烟叶生产的基础上开展其他农产品种植，并向产业链纵向延伸，提升合作的收益水平。

（4）利益保障机制。由于烟叶产业综合体是按照"政府引导、烟草主导"的模式进行建设和运营的，与其他农业产业化发展项目有所不同，对涉及的主体可以发挥约束作用的不仅有政府，烟草企业也可以在一定程度上制定一些规范主体行为的约束性制度或规则。因此，收益保障机制除了充分发挥政府维护市场秩序的作用之外，还可以在以下几个方面进行完善：一是构建综合体主体征信体系，制定违约主体的惩罚措施，以保障契约关系稳定；二是设立风险保障基金，防范经营风险；三是建立交流协调机制，可参照脱贫攻坚第一书记制度，由烟草企业向综合体内所涉及的各村派驻"第一联络员"，承担协调各方利益的责任。

种烟主体与合作社及土地流转农户的利益联结机制如表7-2所示。

表7-2 种烟主体与合作社及土地流转农户的利益联结机制

利益生成机制	双方之间通过土地经营权、劳动、生产服务等交易获取合作收益
利益分配机制	契约式静态利益分配方式→动态利益分配方式→股份合作式利益分配
利益调节机制	鼓励向股份合作关系转变；鼓励联合起来拓展产业链
利益保障机制	发挥政府作用+综合体征信体系建设+风险保障基金+交流协调机制

（三）合作社和土地流转农户之间

这两者之间的利益关系更多地体现在土地和劳动这两大生产要素的融合方面，且合作社是村集体领办的，与当地农户天然存在熟悉感，相互之间的信任度较高，相互之间的关系除了由于农业产业化发展带来的新的利益关系之外，还存在在长期的传统农村生活中形成的千丝万缕的非正式社会关系。因此，它们之间的利益联结本身也比它们与其他主体之间的利益联结更为紧密。

（1）利益生成机制。主要体现在三个方面：一是合作社将分散农户的土地经营权集中起来，通过土地整治改善生产条件后再流转给经营主体获取更高的土地流转收益。二是合作社建立农业产业工人中心，对农民进行相关培训后安排给经营主体从事农业务工，增加农户的务工收入。三是合作社集合各方资源承接经营主体的生产性服务外包业务，拓宽增收渠道。

（2）利益分配机制。由于双方之间相互比较熟悉，利益分配关系的建立需要双方通过召开村民大会自主协商和选择，具体采用契约式还是股权式并无统一的标准。一般来讲，在双方信任度较低，且合作社领导层能力较差的情况下，选择契约式较为合适，因为此种方式下农户收益的不确定性较低；而在双方信任度较高，且合作社领导层能力较强的情况下，选择股权式较为合适，农户可获取更多的增值收益。但从长远发展的角度来看，综合体应尽力推动双方之间建立更为紧密的股权合作式利益联结关系。

（3）利益调节机制。增加农民收入和壮大集体经济都是乡村振兴的重要目标，双方参与农业产业化发展获得的合作收益到底该多分给农户，还是该多留在集体并无统一定论，需根据当地实际情况由村民大会自主讨论决定。

（4）利益保障机制。主要由乡村社会的非正式社会关系和以村民大会为代表的乡村民主治理制度来对双方的利益关系进行保障，同时也对双方的违约行为进行约束。

合作社与土地流转农户的利益联结机制如表7-3所示。

表 7-3　合作社与土地流转农户的利益联结机制

利益生成机制	集中流转土地+农业产业工人中心+生产性服务外包业务
利益分配机制	村民大会自主协商
利益调节机制	村民大会自主讨论决定
利益保障机制	非正式社会关系+乡村民主治理制度

二、交叉利益链主体的利益联结机制

交叉利益链上所涉及的主体有烟草企业、非烟农业企业、土地经营主体、合作社、土地流转农户等，与核心利益链的利益联结机制相比较，土地经营主体与合作社或土地流转农户之间、合作社与土地流转农户之间的利益联结机制是相同的，此处不再赘述，仅分析烟草企业与非烟农业企业之间、非烟农业企业与种烟主体之间、烟草企业与非烟经营主体之间的利益联结机制。

（一）烟草企业与非烟农业企业之间

这两者之间的关系是烟叶产业综合体与一般农业田园综合体的重要区别之一，也是烟叶产业综合体"多龙头带动"的具体体现。在产业发展方面，烟草企业和非烟农业企业的经营体制、目标均有所不同，本应相互独立发展，但在烟叶产业综合体内，两者之间通过"多业共生"产生了利益联系。因此，有必要厘清两者之间的利益联结机制，以进一步紧密双方之间的合作关系，共同推动烟叶产业综合体的高质量发展。

（1）利益生成机制。从两者所处产业链位置的横向比较来看，两者均处于最终端位置，相互之间是平行且独立的，并不发生直接的经济交易活动。但从各自所处产业链的纵向延伸角度来看，两者均以农业种植业为基础，相互之间存在交叉与合作的空间，主要体现在以下几个方面：一是在争取财政支持方面通力合作，两者联合起来牵头申报相关农业产业化发展项目，更易获得政府财政支农资金和政策的支持。二是在生产端引导土地经营主体共享资源，从而降低土地经营主体的生产成本，两者所针对的虽然是不同农产品，但均属农业行业，具体生产过程必然存在相似甚至相同的农机服务和农资需求，两者联合起来共同采购可降低成本。另外，烟叶生产过程需要使用一些专用设施，如大棚、烤房等，这些设施在非烟叶生产期间均是闲置的，闲置期间可充分利用这些设施开展其他农业生产活动，增加非烟农业企业的原料供应。三是在新型职业农民的培训方面加强合作，为各自产业化发展提供人才保障。四是销售端渠道共享，当然，这种销售渠道共享更多地体现为烟草企业利用自身的销售渠道帮助非烟农业企业销售其产品。烟草行业已经形成了"农、工、商、零、消"五位一体的稳定的销售渠道，且专卖制度也不允许通过其他渠道销售产品，但烟草企业可利用这种稳定的销售渠道拓宽非烟农业企业的产品销售渠道，降低其市场风险。具体到实践中，贵州烟草企业可在黔彩新零售实体终端内设置综合体其他农产品销售专柜。五是烟草企业鼓励和支持非烟农业企业在综合体内建立生产基地，稳定其优质原材料供应。六是两者可联合起来推动综合体内农业产业发展"接二连三"，延长农业产业链，拓宽各利益主体的收入来源。

（2）利益分配机制。双方合作的领域和方式多种多样，且双方均为较为成熟的市场主体，双方的地位也是平等的。按照市场经济理论，在利益分配机制的设计方面本应采取联结最为紧密的股份合作式，但考虑到烟草企业的特殊性，除在拓展农业产业链方面可由双方共同出资组建新的股份合作主体进行运作之外，其他领域的合作均应采用纯市场方式或契约合作式。

（3）利益调节机制。建立双向沟通协调机制，双方按照市场经济规则和法律法规要求进行协商。

（4）利益保障机制。由政府加强对双方市场行为规范性和合法性监管。

烟草企业与非烟农业企业的利益联结机制如表7-4所示。

表7-4 烟草企业与非烟农业企业的利益联结机制

利益生成机制	产前、产中、产后各环节的合作
利益分配机制	拓展农业产业链的股份合作+其他领域的纯市场交易或契约合作
利益调节机制	双向沟通协调机制
利益保障机制	政府监管

(二) 非烟农业企业与种烟主体之间

这两者之间的关系与烟草企业和种烟主体之间的关系相似，区别在于非烟农业企业的经营目标主要是追求利益最大化，且其经营体制不受限制，因此，在利益联结机制方面也存在一定的区别。

(1) 利益生成机制。非烟农业企业为种烟主体的非烟农产品提供销售保障，降低其生产风险，种烟主体通过轮作茬作为非烟农业企业提供优质原材料供应保障。

(2) 利益分配机制。合作初期，可采用"市场交易""订单式种植合同"等静态利益分配方式。随着合作的深入，鼓励非烟农业企业采用"保底价格""合同价格+二次返利""保底价格+股份分红"等动态利益分配方式，最终形成"相互参股""股份合作"等"风险共担、收益共享"的紧密型利益联结关系。

(3) 利益调节机制。一是鼓励双方由契约合作关系向股份合作关系转变；二是鼓励双方采用股份合作方式向产业链纵向延伸，提升合作的收益水平。

(4) 利益保障机制。政府加强对双方经济行为规范性和合法性的监管，在综合体内探索建立和完善征信体系。

非烟农业企业与种烟主体的利益联结机制如表7-5所示。

表7-5 非烟农业企业与种烟主体的利益联结机制

利益生成机制	非烟农业企业为种烟主体提供非烟农产品销售保障；种烟主体为非烟农业企业提供非烟农产品供应
利益分配机制	契约式静态利益分配方式→动态利益分配方式→股份合作式利益分配
利益调节机制	鼓励向股份合作关系转变；鼓励联合起来拓展产业链
利益保障机制	政府监管+综合体内征信体系约束

(三) 烟草企业与非烟种植主体之间

非烟产业也是烟草综合体高质量发展的重要补充，综合体是一个整体，作为主导力量的烟草企业不能因为非烟种植主体生产的产品与烟草无关，就忽视它们的利益。

（1）利益生成机制。一方面，烟草企业作为烟叶产业综合体的主导力量，可通过发挥协调作用助力非烟种植主体获得与种烟主体同样的生产支持措施，促进其降低成本、增加收益。另一方面，烟草企业可在一定程度上引导其他非烟农业企业与非烟种植主体之间形成更为紧密的利益联结关系，保障非烟种植主体的利益不被侵蚀，并鼓励非烟农业企业让利于非烟种植主体。另外，烟草企业拥有的稳定销售渠道也可为非种烟主体生产出来的超过非烟农业企业需求的农产品提供销售渠道。同时，非烟种植主体从事其他农业产品生产也有助于丰富烟叶产业综合体的产业形态，形成以"烟+"为核心的农业生产互利共生性生态系统，从而真正推动烟叶产业综合体"多业共生"发展。

（2）利益分配机制。由于两者之间不存在直接的经济交易活动，也就不存在直接的经济利益分配问题。在双方的合作过程中，烟草企业获得推动烟叶产业综合体高质量发展的非经济利益，而非烟种植主体则间接获得经济利益。

（3）利益调节机制。一是鼓励非烟种植主体参股非烟农业企业，分享更多产后收益。二是鼓励非烟种植主体向产业链纵向延伸，获得更多收益。

（4）利益保障机制。充分发挥综合体的利益协调功能，加强政府监管，完善综合体内征信体系建设。

烟草企业与非烟种植主体的利益联结机制如表7-6所示。

表7-6 烟草企业与非烟种植主体的利益联结机制

利益生成机制	烟草企业为非烟种植主体助力生产、协调关系、提供销售渠道，非烟种植主体为综合体丰富产业形态
利益分配机制	烟草企业获取非经济利益，非种烟主体间接获取经济利益
利益调节机制	鼓励非烟种植主体参股非烟农业企业；鼓励向产业链纵向延伸
利益保障机制	综合体利益协调功能+政府监管+综合体内征信体系约束

三、外围利益链主体的利益联结机制

烟叶产业综合体的运行不仅是为了追求烟草行业自身的经济利益，还需要承担烟草行业助力乡村振兴的社会责任，因此，除经济利益之外，社会效益、生态

效益等非经济利益也需要引起重视。外围利益链所指代的主要是非经济利益,所涉及的主体主要是"烟叶产业综合体→政府+村集体+当地所有农户"。

(1) 利益生成机制。烟叶产业综合体的高质量发展可以为所在地带来多方面的社会效益和生态效益:一是可以为所在地居民开辟就业创业的新途径,拓宽农民增收渠道,把农业增值收益留在本地,让农户获得"跨界红利"。二是推动当地居民的人力资本提升,提高居民素质。三是可以促进农业现代化发展,促进农村繁荣稳定。四是通过推行绿色农业发展,减少农业污染,增进生态效益。五是可以强化社区居民经济利益联系,营造睦邻、友好、和谐的氛围,为推进乡村治理现代化打好坚实基础。同时,驻地的基层政府、村集体和当地农户也为综合体的发展提供土地、劳动、政策等要素支撑以及稳定和谐的社会环境。

(2) 利益分配机制。综合体驻地政府、村集体和村民获得综合体高质量发展带来的社会效益和生态效益,综合体则获得高质量发展的基础条件保障和良好的社会形象,两者之间的利益诉求不存在矛盾。

(3) 利益调节机制。从利益诉求的角度来看,双方之间存在相生相成、相得益彰的关系,各自在追求自身利益最大化的同时也带动了另一方利益的最大化,因此,不需要专门构建两者之间的利益调节机制。

(4) 利益保障机制。需要政府加强对综合体内各利益主体的经济社会行为的监督,同时,也需要政府强化对综合体所在地农户和村集体经济社会行为的规范和约束,以激励综合体安下心来发展并逐步融入当地社区,否则的话,综合体内各主体只能采取"用脚投票"的方式维护自身利益。

烟叶产业综合体与政府、村集体、当地所有农户的利益联结机制如表 7-7 所示。

表 7-7 烟叶产业综合体与政府、村集体、当地所有农户的利益联结机制

利益生成机制	烟叶产业综合体为当地带来社会效益和生态效益,当地提供要素保障和稳定环境
利益分配机制	综合体获取发展的基础条件和良好社会形象,当地则获取社会效益和生态效益
利益调节机制	双方利益相生相成,无需构建调节机制
利益保障机制	政府监管和约束+综合体"用脚投票"

四、推动形成不同主体利益联结机制

（一）创新股份合作型利益联结

引导农业综合体内外龙头企业和农民通过双向入股方式实现利益联结，鼓励专业合作社、家庭农场、种养大户和普通农户以土地、劳务、资金等入股企业，支持企业以资金、技术、品牌等入股领办专业合作社。探索建立以农业企业为龙头、新型家庭农场为基础、农民专业合作社为纽带，基于股份制和专业化分工的现代农业产业联合体，支持企业采取入股分红、二次分配等方式，让农民分享加工流通环节的收益。

鼓励地方政府探索发布辖区内农村土地指导价，为农户资产入股提供议价基础。引导农业综合体内外龙头企业和职业农民领班的各类农业经营主体通过双向入股方式实现利益联结，鼓励专业合作社、家庭农场、种养大户和普通农户以土地、劳务、资金等入股企业，支持企业以资金、技术、品牌等入股领办专业合作社。完善利润分配机制，推广"保底收益+按股分红"分配方式，明确资本参与利润分配比例的上限，维护农民利益。

（二）推动产销联动型利益联结

支持农产品产销双向合作互动，鼓励批发商、零售商与农民合作组织共建规模化、标准化农产品基地，扶持农民成立农产品流通合作组织，并以加盟或入股形式成为大型连锁超市会员，强化"农超对接"利益联结。探索新业态利益联结模式，鼓励农业综合体内农户和城郊消费者围绕农产品和土地，按照农业众筹方式形成产销利益共同体。探索休闲农业股权众筹等新型利益联结机制。

（三）创新职业农民利益联结机制

创新职业农民培育与农业综合体利益联结机制是解决务农种烟有效益、不吃亏、得实惠，从而保障务农长效增收，使农业最终成为有奔头的行业、使农民成为体面的职业的关键环节。利益联结机制创新保障职业农民分享现代农业全产业链的收益，使培育起来的新型职业农民逐步走上具有相应社会保障和社会地位的职业化道路。

（四）构建农民利益共同体

"农民利益共同体"是在企业与农民签订合作协议的保障下成立的，即先由企业和农民共同核定农产品的单位成本和用工数量，并确定单位目标的产量和品质要求（如烟区要求上等烟比例达到40%以上），最终以定额工资的形式承包给农民自发组建的生产小组。同时，生产小组必须服从企业的统一安排，按照企业制定的生产技术流程标准进行生产操作，遵从企业技术人员的指导，肥料和物资等由企业提供。通过"农民利益共同体"将农民的收入与农产品产量、质量直接挂钩，激发了他们的工作积极性。

第六节 合作组织激励机制研究

农业产业化从整体上有效地推进传统农业向现代化农业转变，是加速农业现代化发展的有效方式。产业综合体是农业产业化的重要实现方式，而农民专业合作社是产业综合体的重要组织形式。如烟叶产业综合体中的一般组织形式为"龙头公司+专业合作社+农户"，但由于烟草专卖的性质，其实质是上游订单农业与下游专卖管理的特殊结合，烟草公司对烟农专业合作社的控制力和影响力大，在一定意义上烟草公司是龙头。由于农业生产具有季节性，受自然环境影响大，其生产环节多且联系紧密，这就需要专业合作社与农民建立良好的利益协调机制，一方面降低合作社的经营成本，另一方面激励农民提高劳作积极性，增强合作社的凝聚力和竞争力，使合作社健康、有序、稳定地发展。因此，研究农民专业合作社的激励机制有广泛的现实意义。

《中华人民共和国农民专业合作社法》规定，合作社总收入的分配比例按照该成员与本社的交易量（额）比例确定。已有文献研究激励机制问题时只考虑了这一种情况，即只考虑了按交易量或者交易额的比例对总收入进行分配这一种方式。然而，在实际中，合作社农民特别是产业工人获得的收益还包括固定工资、补贴等，结合实际情况，在已有的研究基础上，本书试图构建出更符合我国农民专业合作社运行实践的理论模型来分析其内部的激励机制问题。

一、模型假设

(1) 设农业专业合作社是风险中性者,农民是风险规避者。a 为农民固定收入,包括合作社发放给农民的固定工资、补贴和红利等。

(2) π 为农民的总产出,$\pi=a+\theta$,其中,a 为农民的努力程度,会对总产出有影响;θ 为外生的不确定性因素,是均值等于零、方差等于 σ^2 服从正态分布的随机变量。故有 $E(\pi)=a$,$\text{var}(\pi)=\sigma^2$,即农民的努力水平决定总产出的均值,但不影响总产出的方差。农民的努力成本 $C(a)=ba^2/2$;b 代表成本系数,$b>0$。当农民付出的努力程度相同时(a 不变),b 越大,农民的努力成本 C 越大,此时带来的负效用也越大。

(3) 设 β 为总收入的分配比例,由合作社分配给农民的交易产量占总交易产量的值决定,其中,$0 \leq \beta \leq 1$。γ 为互惠系数,因为合作社与农民之间存在明显的互惠行为,其中,$0 \leq \gamma \leq 1$。从而合作社的期望利润为 $(1-\beta)(1+\gamma)a-\alpha$。

(4) 设 ρ 是绝对风险规避度量系数,根据上述假设,得到农民所承担的风险成本为 $\rho(1+\gamma)^2\beta^2\sigma^2/2$,得到农民的确定性等价利润为 $\alpha+\beta(1+\gamma)a-b(1-\gamma)a^2/2-\rho(1+\gamma)^2\beta^2\sigma^2/2$。在农民的机会成本为 w 的情况下,满足个体理性时有 $\alpha+\beta(1+\gamma)a-b(1-\gamma)a^2/2-\rho(1+\gamma)^2\beta^2\sigma^2/2>w$。

二、模型建立

(一) 信息对称时的最优激励机制

当信息对称时,合作社可观测到农民的努力程度 a,a 可以通过合作社与农民订立强制性的合同来督促农民实现。因此,合作社需要考虑的是对农民的固定工资水平 α、总收入分配比例 β、农民的努力程度 a 三者的确定问题。通过选择 (α,β,a),使合作社利润达到最大。得到下列最优化问题:

$$\max_{\beta,\alpha}(1-\beta)(1+\gamma)a-\alpha$$

s.t. $(IR)\alpha+\beta(1+\gamma)a-b(1-\gamma)a^2/2-\rho(1+\gamma)^2\beta^2\sigma^2/2 \geq w$

在最优情况下,上式中参与约束的等式成立,得到最优解为:$\beta^* = 0$,$\alpha^* = w+b((1+\gamma)/(b-b\gamma))^2/2$,$a^* = (1+\gamma)/(b-b\gamma)$,农民所承担风险成本$\rho(1+\gamma)^2\beta^2\sigma^2/2 = 0$。

从计算结果可以看出,在合作社与农民信息对称的情况下,帕累托最优时,$\beta^* = 0$,即合作社不会将总收入分配给农民,农民此时的收入即为固定收入,固定收入的值恰为农民的机会成本与劳动成本之和。帕累托最优时,农民不承担任何风险。

(二) 信息不对称时的最优合同

信息不对称,合作社观测不到农民的努力水平a。对于给定的总收入分配比例β,农民将选择a使自己利润最大化。农民的利润函数为:

$$\pi(a) = \alpha + \beta(1+\gamma)a - b(1-\gamma)a^2/2 - \rho(1+\gamma)^2\beta^2\sigma^2/2$$

上式两边同时求a的二阶导数得到$\partial^2\pi(a)/a^2 = -b(1-\gamma) < 0$,因此,存在$a$值可使农民利润达到最大。根据一阶条件得到$a = \beta(1+\gamma)/(b(1-\gamma))$。当$\beta = 0$时,$a = 0$,因而在信息不对称的情况下,不能实现帕累托最优。

根据上述分析,对于给定的(α, β),农民的激励相容约束即为$a = \beta(1+\gamma)/(b(1-\gamma))$,合作社的问题是选择$(\alpha, \beta)$使自己利润最大化,此时最优化问题为:

$$\max_{\beta,\alpha}(1-\beta)(1+\gamma)a - \alpha$$

s. t. $(IR)\ \alpha + \beta(1+\gamma)a - b(1-\gamma)a^2/2 - \rho(1+\gamma)^2\beta^2\sigma^2/2 \geqslant w$

$(IC)\ a = \beta(1+\gamma)/(b(1-\gamma))$

通过最优化一阶条件,得到次优解$\alpha^{SB} = w + \dfrac{(1+\gamma)^2(1+b(-1+\gamma)\rho\sigma^2)}{2b(-1+\gamma)(-1+b(-1+\gamma)\rho\sigma^2)^2}$,$\beta^{SB} = \dfrac{1}{1+b(1-\gamma)\rho\sigma^2}$,$a^{SB} = \dfrac{1+\gamma}{b(1-\gamma)(1+b(1-\gamma)\rho\sigma^2)}$,农民的风险成本$\dfrac{(1+\gamma)^2\rho\sigma^2}{2(1+b(1-\gamma)\rho\sigma^2)^2}$。

根据上述结果,农民总产出$\pi = a + \theta$,a决定农民总产出,由于信息的不对称,因此产量损失可以由努力损失表示,即$\Delta a = a^* - a^{SB} = \dfrac{1+\gamma}{b-b\gamma} -$

$$\frac{1+\gamma}{b(-1+\gamma)(-1+b(-1+\gamma)\rho\sigma^2)} = \frac{(1+\gamma)\rho\sigma^2}{1+b(1-\gamma)\rho\sigma^2}$$。努力成本节约为 $\Delta C = C(a^*) - C(a^{SB}) = \frac{(1+\gamma)^2 \rho\sigma^2 (2+b(1-\gamma)\rho\sigma^2)}{2(1-\gamma)(1+b(1-\gamma)\rho\sigma^2)^2}$。

激励成本是指较低努力水平导致的期望产出的净损失与努力成本节约之差，从而得到激励成本为：

$$\Delta a - \Delta C = \frac{(1+\gamma)\rho\sigma^2}{1+b(1-\gamma)\rho\sigma^2} - \frac{(1+\gamma)^2 \rho\sigma^2 (2+b(1-\gamma)\rho\sigma^2)}{2(1-\gamma)(-1+b(-1+\gamma)\rho\sigma^2)^2}$$

$$= \frac{(1+\gamma)\rho\sigma^2 (b\rho\sigma^2 + 3b\gamma^2\rho\sigma^2 - 4\gamma(1+b\rho\sigma^2))}{2(1-\gamma)(1+b(1-\gamma)\rho\sigma^2)^2}$$

总代理成本为风险成本与激励成本之和，总代理成本为：

$$\frac{1}{2}\rho(1+\gamma)^2\beta^2\sigma^2 + \frac{(1+\gamma)\rho\sigma^2(b\rho\sigma^2+3b\gamma^2\rho\sigma^2-4\gamma(1+b\rho\sigma^2))}{2(1-\gamma)(-1+b(-1+\gamma)\rho\sigma^2)^2}$$

$$= \frac{(1+\gamma)\rho\sigma^2(1+b\rho\sigma^2-4\gamma(1+b\rho\sigma^2)+\gamma^2(3b\rho\sigma^2-1))}{2(1-\gamma)(1+b(1-\gamma)\rho\sigma^2)^2}$$

三、模型分析

命题1：信息对称时，最优分摊比例为 $\beta^* = 0$；信息不对称时，次优分摊比例为 $\beta^{SB} = (1+b(1-\gamma)\rho\sigma^2)^{-1}$，且 β^{SB} 是 γ 的增函数，是 b、ρ 的减函数。

由命题1可以看出，在信息对称时，合作社不会将总收入分配给农民，农民的收入为固定收入；在信息不对称时，为了激励农民努力，合作社需分配一个严格正的利益比例给农民。且信息不对称时，互惠程度越高，农民所分摊的比例越大；农民成本系数越小，农民所分摊的比例越小；农民风险规避度越大，利益分配比例越小。

命题2：信息对称时，农民最优努力程度为 $a^* = \frac{1+\gamma}{b-b\gamma}$，$a^*$ 为 b 的减函数，γ 的增函数；信息不对称时，农民次优努力程度为 $a^{SB} = \frac{1+\gamma}{b(1-\gamma)(1+b(1-\gamma)\rho\sigma^2)} =$

$\frac{1+r}{b(1-r)} \times \beta^{SB}$。

命题 2 说明，在信息对称时，农民的努力程度不受分摊比例的影响，为了激励农民努力，应该降低农民付出努力的成本系数，提高合作社与农民之间的互惠系数。在信息不对称时，农民的努力程度受分摊比例的影响，为了激励农民努力，不仅需要降低农民付出努力的成本系数，提高合作社与农民之间的互惠系数，而且还需增大利益的分摊比例，即考虑 b、γ、β^{SB} 这三个因素。由命题 1 可知，分摊比例 β^{SB} 受 b、γ、ρ 的影响，所以在信息不对称时只需考虑 b、γ、ρ 三个因素即可，降低农民付出努力的成本系数 b、提高合作社与农民之间的互惠系数 γ、降低风险规避度 ρ 可以在信息不对称的情况下提高农民的努力程度。

命题 3：$a^* > a^{SB}$，$C(a^*) > C(a^{SB})$，且 a^*、a^{SB}、Δa、ΔC 是 γ 的增函数，是 b 的减函数。

命题 3 说明，信息对称时，最优努力水平严格大于信息不对称时次优努力水平，从而最优努力的成本严格大于次优努力的成本；由信息不对称所造成的产出损失与努力成本的节约随着互惠系数的增加而增加，随着努力成本系数的增加而降低。

四、对策建议

本章通过委托—代理理论，讨论了信息对称与不对称两种情形下的合作社内部激励机制问题。从模型结果可以看出，在信息对称时，既可以提高农民的努力水平，又可以降低农民对风险成本的承担比例。在信息不对称时，农民的努力程度下降，农民的风险成本增加，代理成本增加。合作社给农民的利益分配比例与它们之间的互惠程度、劳动力成本及农民的风险规避程度相关。因此，为了保障合作社的健康发展，促进农民的合作积极性，本书提出如下建议：

首先，建立账务透明机制，减少信息的不对称；建立风险保障制度，降低农民的风险成本。合作社与农民合作前可以签订相关的合同，合作社可以通过合同中的条款来监督农民的努力程度，从而保证农民的生产水平。农作物的生长极容易受到环境、气候等不确定因素的影响,在合同中制定相关的风险保障措施,保障农民在农作物受灾时能获得收益,从而提高农民劳作的积极性。

其次,合作社完善内部协调机制,即建立良好的利益分配机制及奖励制度。合作社与农民之间或多或少都会出现信息不对称的情况,此时,农民的努力程度将会受合作社利益分配机制的严重影响。完善一套适合当地合作社与农民的协调与奖励制度,不仅能促进农民劳动的积极性,而且还会提高合作社与农民的利润水平,达到双方共赢。

最后,合作社完善生产管理机制、生产技术引进等措施来帮助农民。合作社可以通过购买先进的技术设备来帮助农民生产,机械化程度的提高会降低农民的努力成本系数,提高农民的劳动生产率;引进相关领域的专家来指导农民生产,有效提高生产技术水平和农作物的生产率。生产机械化、规模化、效率化水平的提高,会提高合作社与农民之间的互惠系数,增加双方的利润,保障农民的基本利益,改善农民生活水平,促进合作社健康、有序、稳定地发展。

第八章　贵州烟叶产业综合体数字化管理机制研究

实施数字化管理是烟叶产业综合体科学、有序运作的重要保障。通过建立健全新型烟叶与非烟农业融合的生产经营数字化管理体系，促进集约化家庭生产经营与产业化合作服务相结合。

通过数字化管理，优化农业功能区布局，建设特色化、专业化、区域化的产业基地和产业群，实行农业规模化、标准化、集约化生产。依托数字化服务与营销，把农业种子种苗、农产品精深加工、农产品现代物流、农业生产性服务、农业休闲观光、农业生物质能源等产业作为新的增长点加以重点培育，拓展农业功能，拉长农业产业链，提升农业价值链，从而拓宽农业发展的新领域。通过实施数字化质量管理，构建"确定一个主体、执行一套标准、培育一个品牌、制作一张生产模式图、建立一份生产档案"的现代农业安全生产体系，使无公害农产品、绿色食品和有机食品产业不断壮大。通过数字化人力资源管理，建设一支"产学研、农科教结合，首席专家、推广研究员、责任农技员、科技特派员和农民技术员"构成的多层次新型农技推广服务队伍，全面带动和培养一批新型农民，推动现代职业农民队伍的壮大。

第一节 烟叶产业综合体数字化管理意义

"八山一水一分田"是对贵州地理地貌的形象概括,贵州 92.5% 的面积为山地和丘陵。山多、水和田少的农业环境,给贵州烟叶产业综合体发展带来了挑战:一是随着经济社会快速发展,"谁来种烟、谁能种烟"问题逐步凸显。二是地理环境复杂,仅靠人工实现规模化种植较为困难,机械化投入低、生产效率低。三是非烟农业生产仍以单家独户小规模分散种植为主,小农户与大市场存在协调问题。四是农业生产受气象灾害影响频繁,生产环节面临的不确定性强。

因此,如何通过新一代信息技术力量助力消除农业发展中所存在的问题,深度利用数字平台整合与挖掘农业大数据便利农业管理,以智慧农业模型辅助提升农业生产效率,以数字服务拓展农业服务应用场景,是全面推动烟叶产业综合体高质量发展所面临的重要议题。

智慧农业是现代农业发展的新模式,它充分运用大数据技术、智能技术以及物联网技术,来提高现代农业的生产效率,提高农业产品的竞争力与可持续发展的能力,并运用信息技术来促进现代农业生产的资源优化配置,达到农业生产环境的保护与生态环境的优化,从而实现农业生产的生态化、智能化和高效化。贵州烟叶产业综合体数字化以搭建烟叶生产管理一体化云平台为基础,面向生产服务和管理分别打造集烟叶、非烟农业生产、管理、政务于一体的 App 端和 PC 端应用,统一涉农系统门户,并以烟草企业和龙头企业为纽带,实现涉农服务一键办、涉农信息及时达、涉农数据随时采。通过打造生产体系和供销体系,全面打通数据链路,汇聚"生产—服务—管理"多维数据,构建烟农、社会化服务和金融保险机构信用体系和大数据体系,助力搭建智慧农业决策系统,以数据驱动农村一二三产融合发展,实现传统农业向现代农业的转型跃迁。具体来看,烟叶产业综合体数字化平台管理具有如下优势:

第一,高度整合产业链各个环节。平台通过整合化运营,将生产者和经营者联合起来，突破传统产业单向、线式的成长模式，依靠其开放性与支持控制体系快速吸引壮大生产供应群体；通过平台统一控制标准，整合优化农产品生产研发体系、质量管理体系、终端管理体系、销售服务体系，并统一实施品牌战略，从而在整个烟叶综合体产业链条中建立一种利润共享机制。

第二，通过市场机制与技术机制控制农产品质量安全。数字化管理平台从投入品规范化、生产过程标准化、检测程序严格化、信用机制严厉化等方面，对农产品质量安全进行全程严格控制；通过物联网技术与产业的高度结合，实现生产与流通信息全程可控可追溯，确保农产品生产与流通的安全可控。产业综合体企业与企业、企业与农户之间通过结成利益共同体，可以建立质量安全溢价分享模式，激励农业生产者保证和提升产品品质。

第三，平台具有非常大的带动效应。烟叶产业综合体通过数字化管理平台发挥烟草优势、规模优势、整合优势，专业性的生产服务集群和各级政府的支持会对社会资本产生极大的虹吸效应。同时，综合体将产业链延伸到上下游，共同促进了农业的发展，提高了农业的附加值，这种利润共享的共赢机制，提升了社会资本投资农业的信心，从而产生巨大的带动效应。

第四，平台实现专业化分工的高效率与一体化生产的质量保证。平台通过各种利益联结纽带，使政府、农户、企业的期望趋同，并在各个主体之间合理分配质量安全溢价，这种平台战略在获得专业化分工高效率的同时，还能获得一体化生产的质量保证。

第二节 烟叶产业综合体数字化可行分析

一、数字管理必要性

一是信息沟通效率。随着互联网生态的广泛普及，烟叶生产各参与方，即合作社、烟农、烟草公司烟叶站间的协作日益密切，在烟叶物资领用、秧苗领用、日常大田管理、专业技术支持协作及多元化烟农综合体生态建设诸多环节，信息流转通畅性及资金流转规范性的问题亟待解决。

二是规范化运营。随着移动互联环境的全民普及，为烟农提供移动互联服务已经迫在眉睫。通过实体服务站点线下交互与黔彩烟农宝 App 的线上互动，有效简化业务受理流程，规范资金流转路线。

三是金融服务供给、支付快捷。在现有的卷烟订货支付中心建设基础上，基于黔彩云品牌整合支付渠道，实现烟农多方式灵活支付，整合银行等金融业资金成本优势，方便烟农多渠道获取金融服务，整合第三方、直联、跨行等现金支付能力，搭建烟草烟叶生产支付中心，监督烟叶生产各环节的资金流向。有效降低烟叶生产环节中的金融风险，有效保证烟叶生产各主体正常、稳定开展各项工作。

四是数据管理效率提升。当前，由于合作社管理均采用纸质的方式进行记录，导致专业化服务补贴费用流向追溯困难、专业化服务过程无法监管、数据统计分析工作量大。烟草合作社作为烟叶产业综合体与烟农之间的纽带，需要通过信息技术打造烟草合作社数字化管理体系，这也是提升合作社管理水平、实现战略目标的重要抓手。利用信息化规范及高效的管理、数字化精准智慧，优化决策、智慧监管、提升服务。

二、行业发展规范性

在烟叶生产的规范管理中，依托烟草合作社完成的工作越来越多，烟草公司支付给烟草合作社，以及合作社从烟农手中收取的各项资金也越来越庞大，2020年度，遵义市烟草专卖局专业化服务补贴费用高达 8000 万元，其中，专业化分级服务占 95%。

烟基工作一直是烟草行业的重点工作，而且行业对建设管理的要求越来越高，如何有效地解决基层人员将大量的时间精力耗费在数据统计分析中，而不是投入到建设管理过程中的问题，一直是行业内的探索重点。目前国外针对烟基建设过程的信息化管理开展了一些探索，但效果都不理想。贵州烟叶生产基础设施信息管理平台以项目为基础,以结果为导向,结合移动互联应用,避免了手工填制大量报表、反复统计等工作,解决了数据采集、查询、分析、应用等问题,极大地减轻了工作人员的负担,提高了工作效率,提升了管理决策水平。该项目前期的研究应用得到了基层业务人员的一致认可和省公司领导的肯定。

三、技术实施可行性

系统采用"双层架构 B/S 模式+C/S 架构模式",与现行业务系统平台技术框架、技术路线保持高度一致,实现统一数据库、统一平台、统一网络,系统采用了全省集中部署模式,其扩展性、灵活性及整体效率得到了保证。同时,在专业化服务等过程环节,借助微信平台,引入水印拍照技术,提高工作效率和业务数据的及时性、准确性,从而实现应用的"及时、便捷、便携"。在数据共享方面,实现了系统专业化服务数据与其他烟叶业务系统的集成整合,可支持标准统一的数据接口。

数字化平台建设主要涉及通信技术、集成技术、数据采集和分析技术、移动开发技术等几个方面。

随着 4G 技术的普及和 5G 时代的到来,手机网速得到快速提升,通过手机可以快速浏览网页、进行电话会议、发展电子移动商务等,大大地促进了移动应用的飞速发展。

基于 App 生态的互联网应用正在为各行业提供高效率业务协作工具。微信、支付宝支付等大大提升了广大农村用户的线上支付信心,烟叶生产专项线上支付平台已具备运行的群众基础。

四、信息环境基础性

在环境条件方面,全市各级单位信息通信网络基本建成,各级单位从业人员都已配备计算机。现阶段基于智能手机已日趋普及,信息化队伍基本形成,从市公司到各县相关单位,均已配备了专业人员从事系统管理和应用工作。业务人员素质得到提高,因此,全省的信息环境条件是可以满足平台的推广应用的。

2020~2021年,在贵州省烟草省局信息中心及财务处的协同推进下,黔彩云零售终端平台已向卷烟零售户群体推送金融服务,总金额达46亿元,极大地缓解了卷烟零售户的资金压力。基于黔彩云App的互联网运行生态基本形成。在烟叶生产服务环节,启动打造专属类似金融及综合服务生态解决方案的时机已经成熟。

第三节 烟叶产业综合体数字化建设原则

考虑到项目涉及范围广、建设规模大、业务复杂等特点,在工程实施时需要遵循一些重要的原则,以保障后续建设的顺利衔接和有效执行。

一、规范性原则

产品功能要能满足国家、烟草行业对移动应用信息安全的相关标准和规范,满足烟草行业、信息技术领域有关信息处理和技术应用的相关标准和规范。

二、先进性原则

选用技术路线和产品时,选用业界领先和主流的成熟可靠的技术路线和产品,在系统功能设计上着眼于目前系统的需求,同时也面向未来的发展,在系统设计和开发时采用先进、成熟的技术和方法。

三、安全性原则

在系统设计上考虑整体的安全措施,并使用业界技术成熟的产品,采用安全可靠的系统架构,利用完善的安全策略以保证信息的安全可靠。

四、易用性原则

采用的系统具备良好的稳定性和可靠性,系统操作简单,实用性高,易操作、易维护。并且，系统具备自检、故障诊断及故障弱化功能，保证故障发生时系统能够提供有效的失效转移或者快速恢复等性能。

五、扩展性原则

系统设计遵循可扩展性原则，基于开放式标准与技术，利于移植，符合和适应行业现有技术平台。各系统采用标准数据接口，具有与其他信息系统进行数据交换和数据共享的能力。

第四节 烟叶产业综合体数字化功能架构

以构建数字化烟叶产业综合体"农民专业合作、供销合作、信用合作"的"三位一体"新型合作经济组织体系为目标，以"种得好、卖得好、贷得快"为服务宗旨，运用大数据等数字技术，围绕生产、供销、信用服务环节，在烟叶产业综合体全产业链上逐步搭建"无忧种植""无忧销售""无感补贴""无忧贷款""无纠理赔"等服务智能应用场景，打造烟草行业独有的无负担种烟在线服务平台，以数字化手段拉动生产、供销、信用服务的全面升级。系统设计以数据体系建设和应用需要为结果导向，规划需要连通的已有"云网"基础体系和需要新建的"产前、产中、产后"融合服务体系，并遵循统一门户和用户角色权限的原则，实现农户一次登录、服务一站办理、业务一键申请。

烟叶产业综合体数字化管理平台以"微服务"的互联网体系架构，兼顾系统的扩展性、稳定性、安全性，在私有化部署企业微信的基础上，规划、设计、构建一个开放共享的贵州烟草黔彩烟农宝应用平台。烟叶产业综合体数字化管理体系与功能如图8-1所示。

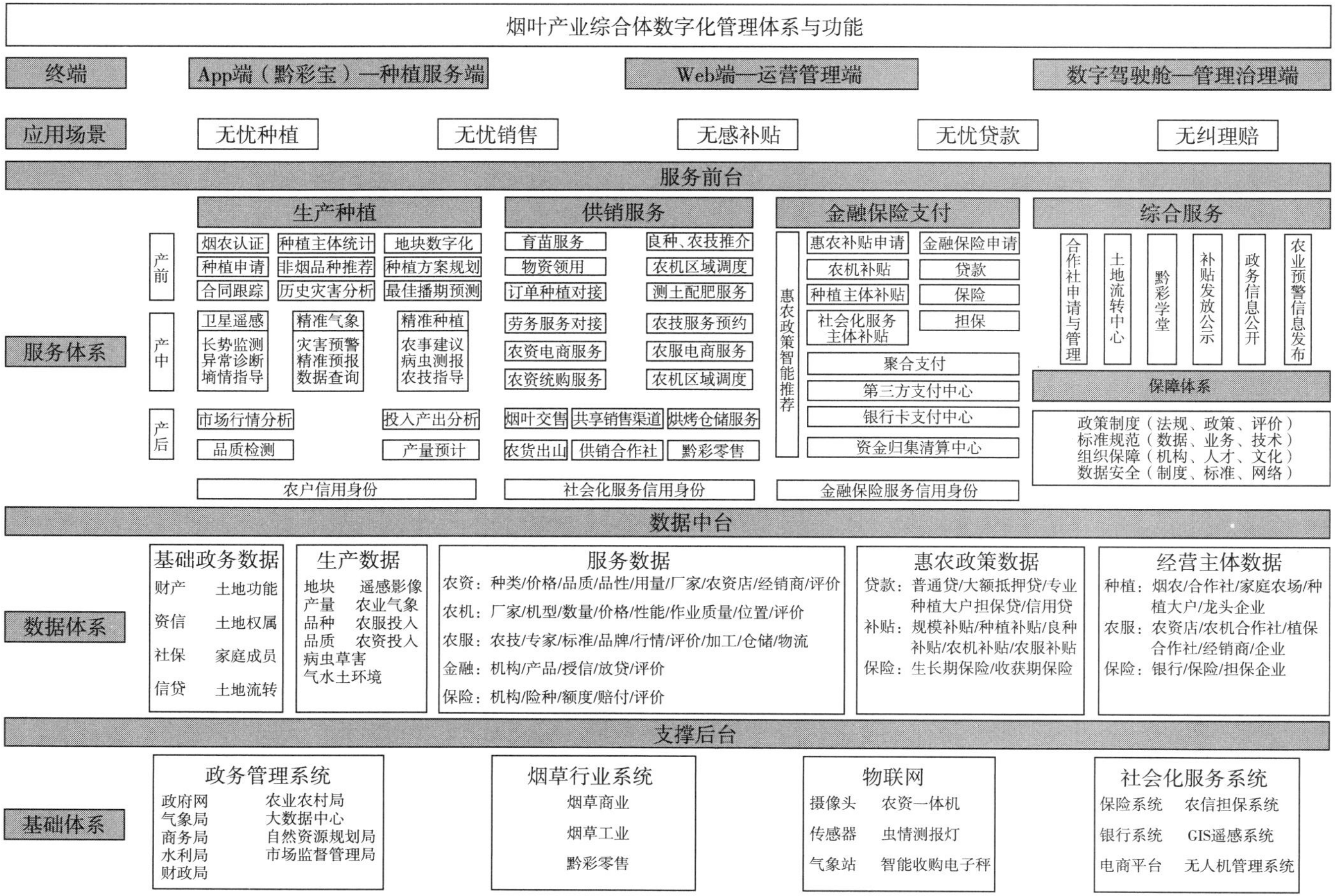

图 8-1 烟叶产业综合体数字化功能架构

一、生产种植

在生产环节，通过烟叶产业综合体数字化打造种植全流程服务闭环。线上依托数字化工具整合涉农资源，线下依托合作社及其他涉农机构为加入合作社的农户提供产前、产中和产后一站式服务。农户服务平台功能如图8-2所示。

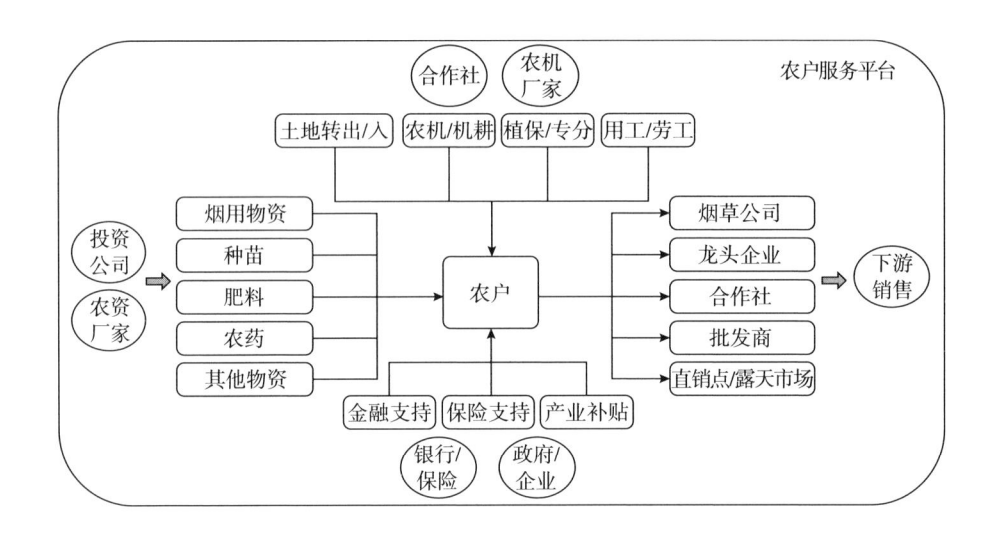

图 8-2　农户服务平台功能

产前，通过历史灾害、品种特征、土壤信息等数据分析，为烟农量身定制全程化标准种植方案，让农业种植从过去"看天吃饭"的经验种植模式变成"知天而作"的智能现代化种植模式，提升种植质量，实现技术无忧。通过数字化平台，对烟农身份进行统一认证（见图8-3），种植申请、合同同步、烟苗领用、烟叶物资发放、烟用物资贷款服务、专业化育苗服务、机耕服务、建行钱包的业务管理环节全部在App端交互完成。

生产中，通过建立自动化、感应分析、精准农业气象平台、AI病虫害识别等数字化平台，实时监控种植风险，为烟农提供预警预报、病害分析防治、农事建议等智能服务，帮助种植户准确掌握田间作物的生长状况，将传统农业中依

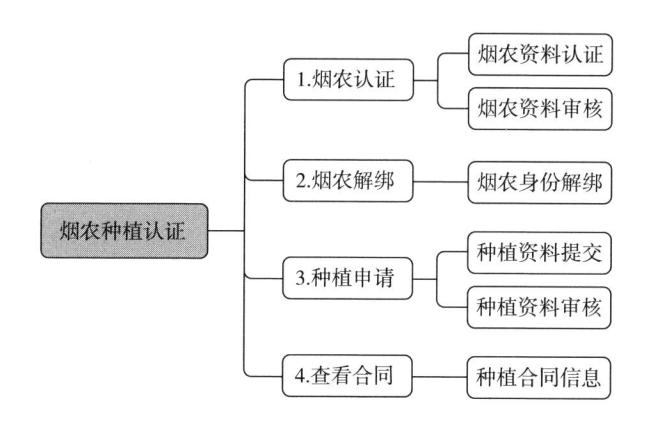

图 8-3 烟农种植认证流程与功能

靠经验解决田间问题的方式变为科技化的手段,及时发现田间存在的问题,如果农户需要植保施肥,系统自动审核农资信息和授信额度,烟农使用授信额度直接购买农资,无须提前垫资,也可以发起采购需求由合作社统一进行购买,实现生产管理无忧。通过数字化平台规范烟叶物资领用,配合补贴等一系列助农政策,开展精准烟农生产管理,助力农业综合体建设。

产后,分析投入产出情况,提供种植结构优化建议,并根据非烟农产品田间价格、市场价格变化等动态信息,建立市场分析系统,使烟农了解市场收购行情。通过线上生产收购信息,结合市场行情采摘销售,同时通过价格保险、订单销售、合作社统销、政府助销等方式实现销售无忧。

烟农种植经营系统功能如图 8-4 所示。

二、供销服务

以烟草合作社为组织主体,打通农资农服供应和农产品销售双向通道供销端,通过平台统采统销,提升服务效率及能力。

生产采购环节,烟农通过平台发起采购需求,合作社定期进行归集,入驻平台的服务机构进行集采,确定集采价格后,烟农可现金支付也可使用信用授信额度,对于使用信用授信贷款采购的,政府和烟草企业也可对烟农进行全额或者部

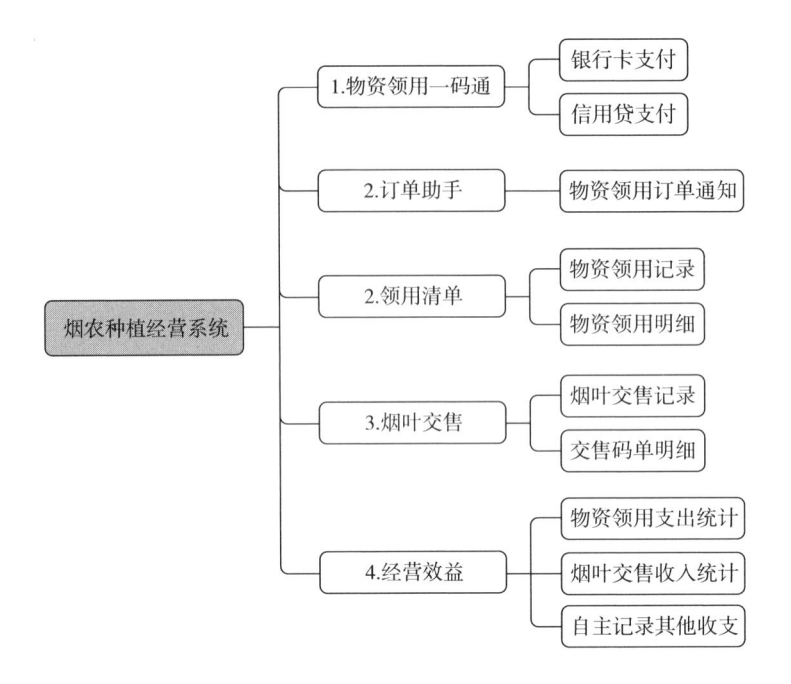

```
                              ┌─ 银行卡支付
              ┌─ 1.物资领用一码通 ─┤
              │                └─ 信用贷支付
              │
              ├─ 2.订单助手 ── 物资领用订单通知
              │
              │               ┌─ 物资领用记录
              ├─ 2.领用清单 ──┤
烟农种植经营系统─┤               └─ 物资领用明细
              │
              │               ┌─ 烟叶交售记录
              ├─ 3.烟叶交售 ──┤
              │               └─ 交售码单明细
              │
              │               ┌─ 物资领用支出统计
              └─ 4.经营效益 ──┼─ 烟叶交售收入统计
                              └─ 自主记录其他收支
```

图 8-4　烟农种植经营系统功能

分贴息，实现无息或低息贷款统购，降低生产成本。农产品销售环节，通过企业订单、合作社统销、政府助销、价格保险等方式实现托底销售，并建立黄色和红色预警机制，确保销量和价格。

三、金融支付

信用端，通过打通跨部门、跨层级、跨业务的各类数据系统，汇聚多维数据，构建农户信用身份和涉农服务白名单体系，降低农民资金使用成本，提升涉农服务质量。

通过打造精准信用评价体系，融合烟草行业大数据，构建银行保险等金融机构互认的农户信用身份。对于信用好的农户，保险公司定制开发非政策险，农户可即投即保，并通过数字化手段进行生产全过程监管，实现快速定损和理赔。银行则提供信用授信，农户可即申即用，并可授权银行直接支付资金给白名单库内的农资农服企业，实现快速审批和放款。政府、烟草行业补贴则根据农户、合作社情况自动匹配补贴类型，无须申请，后台自动推送相关信息至审核部门，实现补贴不漏不重和全过程在线监管。同时，由农户和行政管理部门对金融保险和社会化服务组织的服务质量、效率、价格、态度等进行双向评价，建立机构服务信用身份，打造滚动白名单库，促进服务质量持续提升。

（一）黔彩烟叶支付交易

搭建黔彩烟叶支付交易体系，基于基础金融服务平台，具备满足烟叶生产物资领用、秧苗领用、烟叶收购等专业业务环节的支付受理能力。明确信息流与资金流的交叉验证，在确保资金安全的前提下，为烟农、合作社、烟叶站等参与实体提供聚合支付。实现支付能力结果推送与打通烟叶生产业务各环节，完成信息流推送与各业务单据的支付状态确认流转。

（二）金融服务中心

搭建金融服务中心，统一技术及安全标准，按照"自助自愿、公平公开"的原则引入不同银行参与烟农金融服务，在互联网金融服务模式下为烟农、合作社等参与主体提供服务。实现业务支付场景和互联网金融服务的交融与在线串联操作。实现场支付一码通的场景打造，在业务处理的过程中，实现金融服务申请、授信、配额、支用的无缝衔接。实现农户、合作社的相对无负担金融贷款。金融服务流程如图 8-5 所示。

四、土地流转

联合省农资交易所，打造基于移动互联应用的农村土地流转在线服务，为产业综合体的农用土地流转铺平道路，助力未来大产业综合体的顺利延展、保持长治生机。

五、黔彩学堂

实现烟农宝 App 由为烟农服务向为大农业产业综合体所有农户服务的转变，打造农户技能提升、专业培训多元化服务平台。

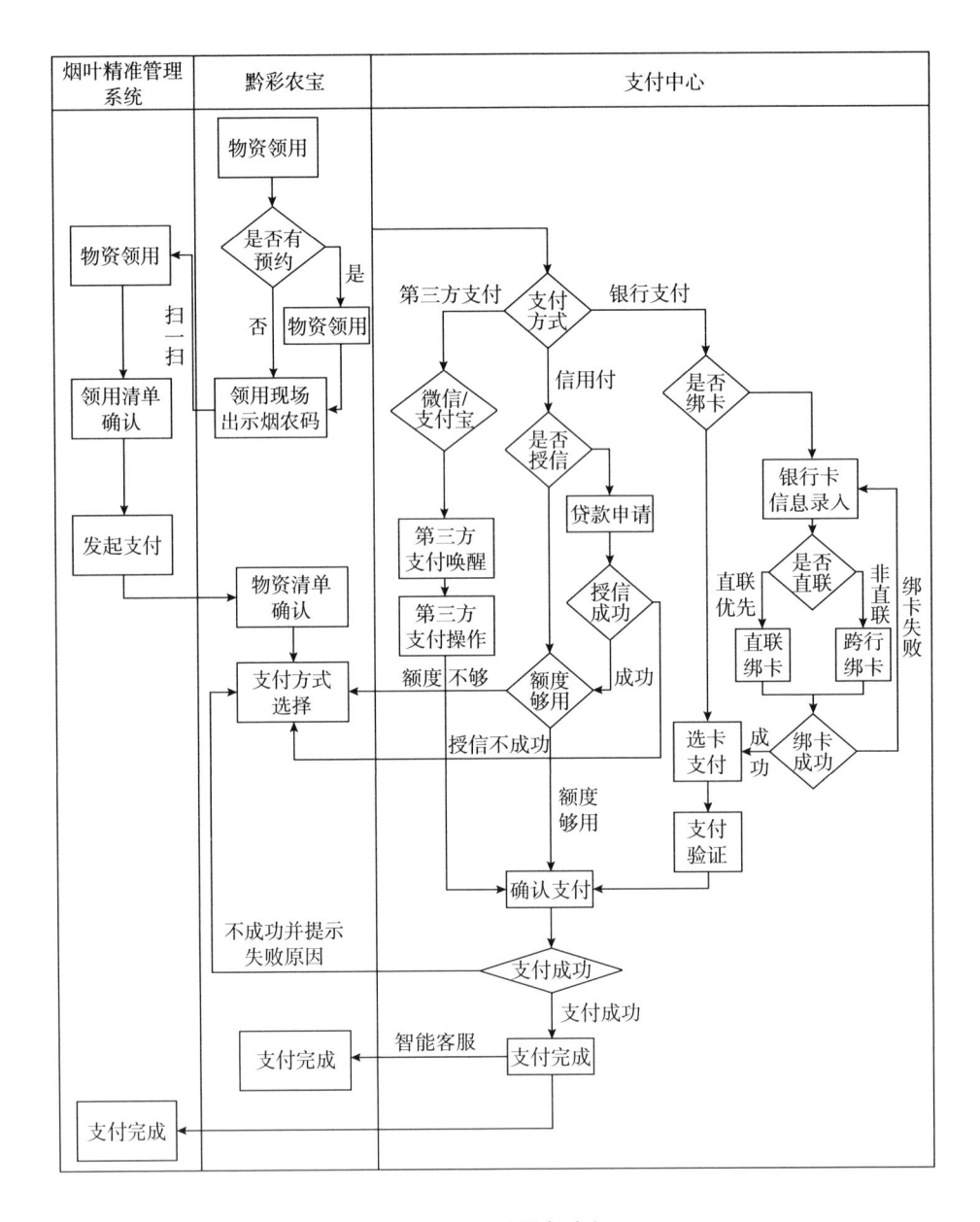

图 8-5 金融服务流程

六、合作社管理

烟草合作社专业化服务管理系统的业务重点包括专业化服务信息化和补贴资

金流向监管。

(一) 专业化服务信息化

通过管理专业化、服务过程中的数据信息化，能有效地保障数据的真实性、及时性、安全性，从而提升专业化服务质量。合作社专业化服务队提供的专业化服务有章可循，增加了人为造假成本，有更好的数据支撑。

(二) 补贴资金流向监管

烟草公司支付补贴资金给合作社后，因烟草公司与合作社作为两个独立法人单位，烟草公司对这笔资金没有监管的权限，所以无法保障合作社专业化服务团队队员的工资如实发放。通过系统，监测专业化服务过程中的数据，实时记录每一位队员做的工作所能拿到的补贴费用，每天工作结束后以日报表的形式发放到队员的手机中。

烟草合作社专业化服务管理系统以项目建设目标为指导，结合实际业务管理需求，以规范基础设施管理为主线，以专业化服务为切入点。合作社数字化管理模块如图 8-6 所示。

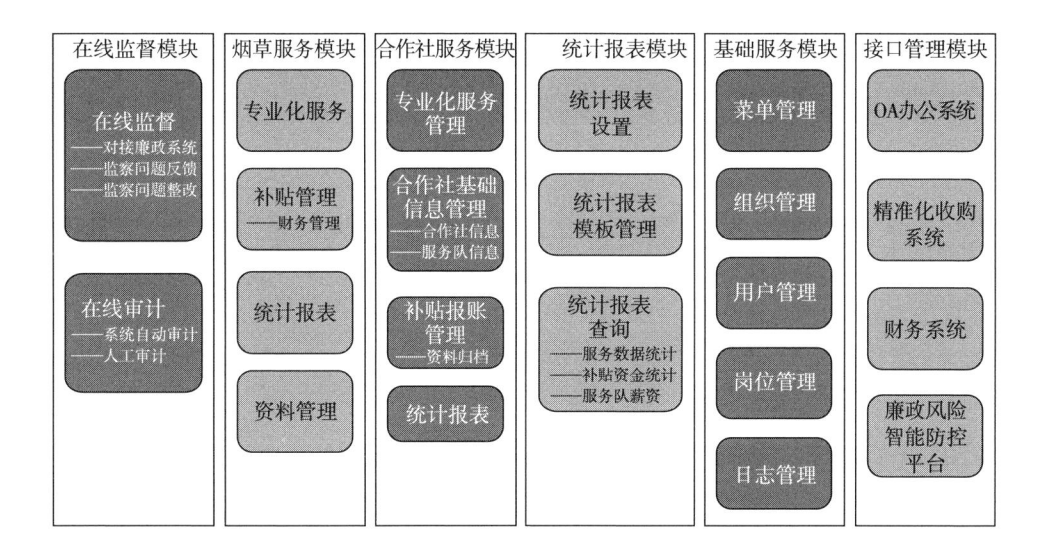

图 8-6 合作社数字化管理模块

1. 在线监督模块

在线监督模块是指系统可对接至纪检监察机关正在使用的廉政风险智能防控平台，数据同步至廉政系统的预警环节，审计也可以在系统中进行在线审计。功能模块包括在线监督、在线审计。

在线监督：系统对接到廉政风险智能防控平台，通过提前设置好的预警指标规则计算发现异常数据，然后执行反馈到合作社系统，预警结束。

在线审计：系统通过设置的审计目标、审计对象、审计规则完成自动审计后由人工调整修改，也可以导出系统所有数据由人工审计。

2. 烟草服务模块

相关业务或监督人员可以实时查看烟草合作社专业化服务情况、处理合作社的补贴报账并对接烟草财务系统支付专业化服务费、监管补贴费从而保障服务队农民工工资。功能模块包括专业化服务、补贴管理、统计报表、资料管理。

专业化服务：实时查看并监管烟草专业化服务过程。

补贴管理：记录烟草合作社应发放的专业化服务补贴费用及明细；烟草合作社在完成阶段性专业化服务后发起服务补贴费用申请，系统审核审批后对接烟草财务系统。

统计报表：从专业化服务流程维度，对服务的汇总情况、明细情况、异常情况等进行分流程统计与分析展现。对各类专业化服务进度进行统计与分析展现。

资料管理：系统提供多种浏览方式，各个部门可以根据自己习惯的方式来查看相同的档案信息，做到快速利用。系统提供分类查看的功能，可以将总数过多的档案信息通过选择类别进行展示，让查看变得更加精准、快捷。系统提供自定义页面的功能，可以让每一个员工自己设置操作页面，用自己习惯的方式进行工作，保证工作效率。

系统专业化分级流程如图8-7所示。

3. 合作社服务模块

通过与烟草服务模块的同步建设，实现烟草专业化服务数据信息化实时记录、规范专业化服务补贴费用，保障"专项、专款、专用"。功能模块包括专业

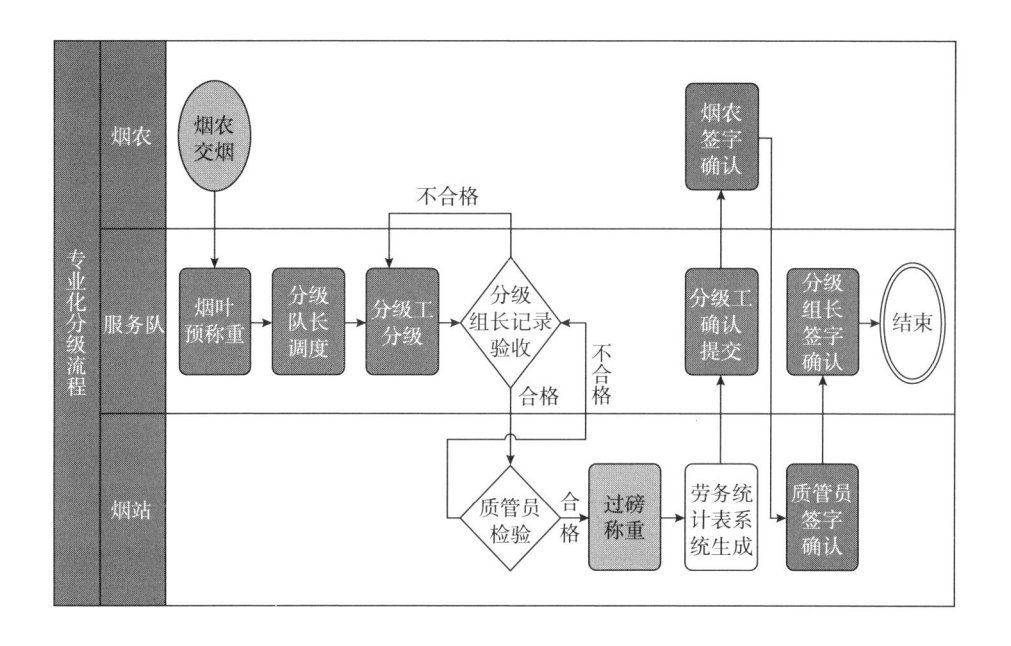

图 8-7　系统专业化分级流程

化服务管理、合作社基础信息管理、补贴报账管理、统计报表。

专业化服务管理：烟草合作社开展专业化服务，实现对服务队职责分配至服务队劳务结算的全流程管理。

合作社基础信息管理：管理合作社基础信息，如营业执照、合作社职工信息、报账银行账号等；专业化服务队人员信息，如岗位、薪资、银行卡、身份证等。

补贴报账管理：管理烟草合作社在完成专业化服务后发起服务费补贴申请等流程。系统提供分类查看的功能，可以将总数过多的档案信息通过选择类别展示，可以让查看变得更加精准、快捷。系统提供自定义页面的功能，可以让每一个员工自己设置操作页面，用自己习惯的方式进行工作，保证工作效率。

七、管理决策

在管理决策方面，重点建立动态感知和智能预警机制。

治理端，通过建立数字化智能驾驶舱，并预设业务风险预警模型，可视化展示综合体产业动态，实时感知产业风险，辅助精准施策。

利用数据管理和可视化展示技术建设数据驾驶舱，管理部门和农技服务人员可根据全区域的地块信息实时掌握产业动态及风险，对种植户进行精准农事农技指导。通过真实的数据，帮助管理部门了解合作社服务情况，并跟踪相关部门的工作指标完成情况，保障制度政策落实到位，为管理决策提供实时的决策依据。建立业务风险模型，实时预警区域农业风险，线上跟踪风险响应进度，提升行政管理效率，最终实现行政管理和指导的精准高效。

第五节 烟叶产业综合体数字化功能目标

一、无忧种植

围绕烟农种植过程提质增效、烟叶及非烟农产品质量安全等问题，"无忧种植"子场景整合了各类涉农组织资源，根据农户实际地块位置、种植作物及种植品种智能化匹配专业合作社、提供全程定制化标准种植方案。该系统能够根据环境数据，灵活推荐农事提醒，智能规划种植安排，并以遥感、气象、AI病虫害识别等智能种植工具实时监控种植风险。结合当地实际情况，该系统建立灾害的判别标准，对每日气象数据进行监测，对气象灾害进行分析、判断和预警，帮助种植户提前应对极端天气，避免生产投入品的损失，最大限度提升农业生产效率，保障种植品质。同时，通过全产业地块上图遥感监测、气象风险预报等技术，智能推荐合作社安排农资投入品统购、统防、统治等服务活动，由合作社为农户配套全程优质农业服务资源，最大限度为农户节本。

二、无忧销售

针对存在小农户供需对接不畅、存在农产品滞销问题，"无忧销售"子场景包含市场行情系统、供销直通系统（供需对接、电商平台、合作社统销等系统），引入多家订单农业企业，快速对接多类市场及收购主体，实现区域农产品销售通畅。

市场行情系统能够及时感知农产品田间价格、市场价格变化等动态信息，根据农产品的农资农服农机各方面的生产种植成本价格、农产品交易市场价格等多方面数据，进行滞销分析预警。供销直通系统基于区块链打造全程品质溯源体系，实现种植生产信息全上链，保证生产销售的可追溯。此外，该系统包含应急响应机制，如对接机关事业单位食堂、农贸市场共享摊位等，合作社及市场主体在系统中实时上报风险，多级联动拉动销售，解决农产品滞销问题。

三、无忧贷款

针对农民担保物缺失、融资难、融资贵、资金用途监控难等问题，"无忧贷款"子场景通过融合银行与烟草行业大数据建立烟农信用评分指数模型，根据订单合同、种植种类、种植品种及种植成本等经营信息，完成对农户信用资质的精准评分。银行机构根据信用指数给予农户精准授信，提升授信额度，解决农户融资难题，也让银行及金融机构安心放贷。在种植过程中，农户可根据授信金额购买农资、农技服务，个人无须提前负担种植成本，既实现了农户种植资金全闭环管理，也减轻了农户种植经济负担。

四、无感补贴

针对现有农业补贴发放流程复杂烦琐、农户申领补贴不便捷、资金到位不及时等问题，"无感补贴"子场景能够根据农户种植地块的权属类型、种植作物、种植面积、农事操作及供销、信用数据等信息智能匹配政策补贴。系统自动汇总应享补贴的农户基本信息，由合作社快速审核，并对接烟草部门、财政部门利民补助一键达等补贴系统，实现多系统连通，简化补贴申领流程，做到农业免申即享、即时兑付、补贴无感。

针对专业合作社专业化服务补贴，烟草公司在支付给烟草合作社专业化服务补贴费用后可通过系统追溯资金流向，从而保障合作社不拖欠专业化服务队员的工资，规范专业化服务补贴费用，保障"专项、专款、专用"。

五、智能驾驶

治理端，通过建立数字化智能驾驶舱，并预设业务风险预警模型，可视化展示区域产业动态，实时感知产业风险，辅助精准施策。该系统打通全域生产地块数据、卫星、遥感等多方数据源，做到"标准统一、资源共享"，确保基础设施信息管理平台主要业务数据与生产系统无缝对接，为生产布局提供有效、及时的数据支持。汇集数字农合联及其生产、供销、信用等方面关键指标，构建生产综合服务指数、供销综合服务指数及信用综合评价指数 3 类指数，使管理者能实时掌控烟叶产业综合体土地撂荒、"非农化"、"非粮化"情况，监控各类业务流程。同时，建立线上预警、绩效进度监控、业务异常预警等机制，关联相关责任部门，线上跟踪预警响应进度，实现管理一体化。

针对烟草合作社，通过及时查看服务进度、服务过程等，能有效提升合作社的服务质量，加强合作社专业化服务过程管控。烟农可以对服务进行评价促使合作社提升服务质量；固定专业化服务流程，增加专业化服务提醒，跟进专业化服务进度，从而提升烟草合作社专业化服务能力，提高合作社管理水平。

参考文献

［1］曹文龙，米志强．农业综合体发展现状分析［J］．现代农业科技，2021（4）：233-234.

［2］陈慈，龚晶，周中仁．农村产业融合中利益联结机制的差别化构建研究［J］．农业经济，2021（3）：87-89.

［3］陈剑平，吴永华．以现代农业综合体建设加快我国农业发展方式转变［J］．农业科技管理，2014，33（5）：1-4.

［4］陈祥锋，霍宝锋，王颖颖．可持续供应链金融：模式创新与应用——以农业供应链为例［J］．供应链管理，2020，1（9）：36-43.

［5］崔磊．农业大数据建设的需求、模式与单品种全产业链推进路径［J］．大数据，2019，5（5）：100-108.

［6］董文华．新型职业农民培育模式研究［J］．农家参谋，2019（23）：9.

［7］杜洪燕，陈俊红，李芸．推动小农户与现代农业有机衔接的农业生产托管组织方式和利益联结机制［J］．农村经济，2021（1）：31-38.

［8］段忠，杨昆红，张艳明，等．大理州农田废弃物综合利用浅析［J］．云南农业，2019（11）：48-50.

［9］冯颖，高龙天，陈苏雨，等．收购价格机制对不同组织模式下订单农业供应链运作的影响［J］．系统工程，2021，39（6）：81-89.

［10］冯颖，郭洪亚，高羹．"公司+农户"型订单农业供应链的政府税收补

贴机制 [J]. 运筹与管理, 2022, 31 (6): 211-219.

[11] 高灿, 夏志林, 王树进, 等. 贵州省烟叶产业综合体高质量发展研究: 基于新结构经济学视角 [J]. 天津农业科学, 2021, 27 (8): 43-50.

[12] 高汝仕. 政府与社会资本合作的有限性和田园综合体模式改进 [J]. 新经济, 2020 (9): 71-74.

[13] 高云, 周丰婕. 农业全产业链发展的问题和建议 [J]. 物流科技, 2021, 44 (2): 151-153.

[14] 顾君, 齐晓军, 苑青微, 等. 农业单品全产业链大数据平台设计与实现 [J]. 农业大数据学报, 2021, 3 (1): 73-80.

[15] 郭捷, 谷利月. 农业供应链金融能有效缓解企业的融资约束？——涉农企业参与精准扶贫的实证研究 [J]. 运筹与管理, 2022, 31 (3): 112-118.

[16] 郭娜, 王文利. 收购价不确定下订单农业供应链融资方式选择——外部融资VS内部融资 [J]. 运筹与管理, 2020, 29 (12): 188-196+230.

[17] 何军, 朱成飞. 新结构经济学视角下新型农业经营主体发育与农村土地流转方式选择——以江苏省为例 [J]. 东北师大学报 (哲学社会科学版), 2020 (2): 45-53.

[18] 洪银兴, 王荣. 农地"三权分置"背景下的土地流转研究 [J]. 管理世界, 2019, 35 (10): 113-119.

[19] 胡晓峰. 农业供应链金融数字化转型的实践及其推进思路 [J]. 西南金融, 2021 (4): 52-62.

[20] 纪浩杰, 金祥, 伽红凯, 等. 烟叶产业综合体的研究进展综述 [J]. 天津农业科学, 2021, 27 (9): 29-35.

[21] 姜长云. 新时代创新完善农户利益联结机制研究 [J]. 社会科学战线, 2019 (7): 44-53.

[22] 姜东晖, 王波. 普惠与精准: 农业供应链金融的创新发展 [J]. 农村经济, 2020 (5): 99-104.

[23] 焦晓岭. 乡村振兴背景下农村土地承包经营权流转问题探析 [J]. 农

业开发与装备，2021（3）：5-6.

［24］康凯，陆佳雯．农村过度"土地流转"行为风险探析［J］．现代农业研究，2021，27（10）：19-24.

［25］兰勇，蒋黾，何佳灿．三种流转模式下家庭农场土地经营权的稳定性比较研究［J］．农业技术经济，2019（12）：21-33.

［26］李保凯，李智永，冯晓梅，等．贵州省烟叶产业工人培育研究［J］．合作经济与科技，2022（19）：99-101.

［27］李灿，薛熙琳．共享农庄研究：利益联结机制、盈利模式及分配方式［J］．农业经济问题，2019（9）：54-63.

［28］李和平，张晓晓．农户视角下现代农业产业园利益联结机制探析［J］．农村经济，2019（7）：119-126.

［29］李菁，潘永昕，郭雯婷．农业供应链金融构建模式研究——基于甘肃蓝天马铃薯淀粉加工企业的案例［J］．甘肃金融，2022（1）：54-58.

［30］李娟，聂勇．基于扎根理论的农业供应链金融创新内在机理探究［J］．财会月刊，2021（10）：145-152.

［31］李娟梅．"田园综合体"发展背景下新型职业农民培育框架体系构建［J］．继续教育研究，2018（6）：50-53.

［32］李玲燕，裴佳佳，叶杨．"资源—要素—政策"相协调下乡村典型发展模式与可持续发展路径探析［J］．中国农业资源与区划，2021，43（10）：220-231.

［33］李明康．利益相关者理论视角下的农村土地流转利益协调机制研究［D］．武汉：湖北大学，2021.

［34］李明贤，刘宸璠．农村一二三产业融合利益联结机制带动农民增收研究——以农民专业合作社带动型产业融合为例［J］．湖南社会科学，2019（3）：106-113.

［35］李如海．农村"三变"改革利益联结机制的影响因素及调适对策［J］．现代化农业，2020（5）：53-56.

[36] 李小莉, 陈国丽, 张帆顺. 系统视角下基于"区块链+物联网"的农业供应链金融体系构建 [J]. 系统科学学报, 2023 (1): 78-82.

[37] 李仪. "互联网+"背景下的农业商业模式创新: 基于农业全产业链闭合平台的视角 [J]. 学习与探索, 2016 (9): 101-106.

[38] 梁诗琦, 钱子玉, 申潞玲. 田园综合体的模式借鉴及发展前景分析——以山西省为例 [J]. 安徽农业科学, 2021, 49 (11): 124-128.

[39] 林强, 付文慧, 王永健. "公司+农户"型订单农业供应链内部融资决策 [J]. 系统工程理论与实践, 2021, 41 (5): 1162-1178.

[40] 林彤, 乔元波, 宋戈. 农户间土地流转租金定价模型研究 [J]. 财经问题研究, 2020 (12): 31-39.

[41] 林亦平, 陶林. 乡村振兴战略视域下田园综合体的"综合"功能研究——基于首批田园综合体试点建设项目分析 [J]. 南京农业大学学报 (社会科学版), 2020, 20 (1): 109-116.

[42] 刘冰冰, 王志标. 田园综合体模式分析及其优化路径——以首批国家级试点为例 [J]. 安徽农业大学学报 (社会科学版), 2022, 31 (1): 17-23.

[43] 刘吉双, 韩越. 培育新型农业经营主体视域下农村土地流转价格的测算及应用 [J]. 学术交流, 2019 (2): 114-120.

[44] 刘敏, 李震, 李保凯, 等. 贵州省烤烟+蔬菜多元产业组合模式分析 [J]. 农业与技术, 2022, 42 (18): 152-155.

[45] 刘学文, 谭学想. 高质量发展引领下的农业供应链金融信用风险管理研究 [J]. 农业经济, 2022 (9): 104-105.

[46] 刘盈含. 农业供应链金融的数字化转型思路 [J]. 商业经济, 2021 (9): 174-177.

[47] 刘兆军, 汲春雨. 土地流转与农业保险的互动关系研究 [J]. 农业经济与管理, 2019 (5): 56-63.

[48] 罗敏, 陈宝玲, 蒋慧琼. 迈向互惠共生: 乡村振兴战略下的农村土地流转复合型模式——来自西北民族地区X县W乡的地方性经验 [J]. 东南学

术，2021（6）：186-195.

［49］马彦，杨虎德，冯丹妮，等．甘肃省农田残膜高效回收及综合利用技术规程［J］．现代农业科技，2022（14）：124-127.

［50］毛慧，曹光乔．作业补贴与农户绿色生态农业技术采用行为研究［J］．中国人口·资源与环境，2020，30（1）：49-56.

［51］苗绘，王金营，李海申．乡村振兴视角下土地流转借助信托模式融资分析［J］．金融理论与实践，2021（10）：101-109.

［52］苗家铭，姜丽丽，戴佳俊．区块链赋能农业供应链金融的应用研究［J］．市场周刊，2021，34（12）：112-114.

［53］牟宗莉，彭峰，刘胜尧，等．"共生"理论下的田园综合体规划策略——以嘉兴市秀洲区省级田园综合体为例［J］．规划师，2019，35（23）：35-39.

［54］倪冰莉．"互联网+"时代农业全产业链发展模式创新［J］．商业经济研究，2020（21）：85-88.

［55］聂华伟，黄冰．乡村振兴背景下河南省农业供应链应收账款融资发展研究［J］．征信，2021，39（12）：86-92.

［56］宁夏．大农业：乡村振兴背景下的农业转型［J］．中国农业大学学报（社会科学版），2019，36（6）：5-12.

［57］潘永昕，胡之睿．农业供应链金融风险生成因素探究——基于解释结构模型［J］．农村经济，2020（7）：103-110.

［58］彭胜志，周伦政，何璐．小农户背景下土地承包经营权流转价格评估机制研究——以湖北省孝感市为例［J］．价格月刊，2020（1）：1-8.

［59］彭小霞．农村土地流转助推农民增收：机理、问题及实现路径［J］．理论探索，2021（4）：91-99.

［60］钱永忠，郭林宇，金芬．现代农业全产业链标准化推进方略［J］．农产品质量与安全，2021（2）：10-13.

［61］秦岭，张玉玲．三权分置视角下土地经营权流转模式优化研究——基

于光山县农户意愿的实证分析［J］．产业与科技论坛，2022，21（16）：54-57.

［62］覃梦妮，贾磊．收入保险在产业扶贫利益联结机制中的优化作用及导入策略［J］．上海农业学报，2020，36（4）：138-143.

［63］申云，贾晋．土地股份合作社的作用及其内部利益联结机制研究——以崇州"农业共营制"为例［J］．上海经济研究，2016（8）：55-66.

［64］沈彦刚，杨正峰，孙建勇．大棚春甜瓜—夏紫苏（荏）—秋冬香菜周年高效种植模式［J］．农业科技与信息，2022（17）：33-35.

［65］生吉萍，莫际仙，于滨铜，等．区块链技术何以赋能农业协同创新发展：功能特征、增效机理与管理机制［J］．中国农村经济，2021（12）：22-43.

［66］石鑫，杨豫新，牛长河．关于农田废旧地膜机械化回收及综合利用的建议［J］．新疆农机化，2022（1）：40-42.

［67］孙奇烽，吴连翠．新农人与小农户利益联结机制研究进展［J］．福建农业科技，2020（6）：58-61.

［68］唐微．现代农业经营体系利益联结机制构建［J］．农业经济，2020（4）：12-14.

［69］涂圣伟．工商资本参与乡村振兴的利益联结机制建设研究［J］．经济纵横，2019（3）：23-30.

［70］王海娟，胡守庚．土地细碎化与土地流转市场的优化路径研究［J］．学术研究，2019（7）：45-52.

［71］王宏宇，温红梅．区块链技术在农业供应链金融信息核实中的作用：理论框架与案例分析［J］．农村经济，2021（6）：61-68.

［72］王静静，曹洪华．政府介入订单农业供应链金融的理论支撑和路径优化［J］．老字号品牌营销，2022（8）：41-43.

［73］王丽．智慧农业背景下农业全产业链发展路径探索［J］．农业经济，2018（4）：6-8.

［74］王文军，田春燕，刘燕妮．田园综合体的内涵特征、要素条件及效益评价［J］．河南农业大学学报，2022，56（6）：1061-1068.

[75] 王志标, 刘冰冰. 融合视角下田园综合体产业链整合及其效益分析——以汝州硕平花海为例[J]. 社会科学动态, 2020 (6): 109-116.

[76] 文婷, 张应良. 土地股份合作社内部能形成利益联结机制吗?[J]. 西北农林科技大学学报(社会科学版), 2020, 20 (1): 52-60.

[77] 吴天龙, 王欧, 习银生. 建立和完善农企利益联结机制[J]. 中国发展观察, 2020 (23): 54-56.

[78] 向梦杰, 方斌, 胡晓亮. 县域田园综合体选址评价与建设路径分析——以江苏省溧阳市为例[J]. 中国农业资源与区划, 2019, 40 (12): 161-170.

[79] 肖林玲. 农业供应链金融数字化转型研究[J]. 财经界, 2022 (20): 17-19.

[80] 谢建梅. 南平市大农业供应链数据系统的设计与实现[J]. 软件, 2021, 42 (1): 19-22.

[81] 徐冠清, 崔占峰. 兼业化背景下农户缘何不愿参与土地流转[J]. 四川农业大学学报, 2022, 40 (5): 799-804.

[82] 徐宏. 旅游开发土地流转"债权收益+股权收益"补偿模式研究——基于贵州M景区的调研[J]. 农业经济, 2020 (8): 91-93.

[83] 许玉韫, 张龙耀. 农业供应链金融的数字化转型:理论与中国案例[J]. 农业经济问题, 2020 (4): 72-81.

[84] 杨爱君, 刘玄玄. 三生视角下田园综合体创领易地扶贫脱贫的探析[J]. 农业经济, 2020 (7): 57-58.

[85] 杨爱君, 杨昇. 田园综合体:新型城镇化与扶贫减贫联动发展新路径[J]. 甘肃社会科学, 2020 (2): 143-150.

[86] 杨家佳. 农业供应链金融经济效益分析及风险控制[J]. 中国集体经济, 2022 (20): 4-6.

[87] 尹燕飞, 吴比. 数字金融在农业供应链领域的应用研究[J]. 农村金融研究, 2020 (4): 16-21.

[88] 余建军, 陈雨诗, 曾小燕. 预付款模式下农业供应链的生产与融资研究 [J]. 运筹与管理, 2022, 31 (8): 156-163.

[89] 余永琦, 王长松, 彭柳林, 等. 乡村振兴战略背景下江西省田园综合体建设发展研究 [J]. 安徽农业科学, 2022, 50 (13): 253-255.

[90] 岳骞, 吴思远, 张岳芳, 等. 不同水旱轮作模式全生命周期温室效应及经济效益评价 [J]. 农业环境科学学报, 2022, 41 (8): 1825-1835.

[91] 张梅, 杨洒, 颜华, 等. 分化视角下小农户与现代农业衔接: 耦合机制和实现模式 [J]. 农业经济与管理, 2022 (1): 45-52.

[92] 张燕刚, 成全. 基于文本挖掘的中国乡村振兴与田园综合体政策热点与趋势研究 [J]. 合肥工业大学学报 (社会科学版), 2021, 35 (5): 104-109.

[93] 张一晗. 村集体角色与土地流转秩序——两种组织化流转模式的比较 [J]. 西北农林科技大学学报 (社会科学版), 2021, 21 (6): 85-93.

[94] 张云宁, 李叶钦, 欧阳红祥, 等. 博弈视角下农民参与田园综合体PPP项目风险分担的研究 [J]. 工程管理学报, 2020, 34 (1): 75-80.

[95] 章伟江, 胡豹, 王丽娟, 等. 现代农业综合体运行机制研究——基于绿城现代农业综合体的实践 [J]. 农业经济, 2014 (5): 9-11.

[96] 赵栋栋. 基于区块链技术的农村土地流转管理系统的研发 [D]. 泰安: 山东农业大学, 2021.

[97] 赵雯. 基于耕地发展权价值的内蒙古耕地数量、质量、生态三位一体保护研究 [J]. 中国农业资源与区划, 2022, 43 (3): 213-221.

[98] 郑健壮. 田园综合体: 基本内涵、主要类型及建设内容 [J]. 中国农业资源与区划, 2020, 41 (8): 205-212.

[99] 周龙锋, 黄纯杨, 温明霞, 等. 新一代合作社视角下的贵州省烟叶产业生产组织方式研究 [J]. 农业科技通讯, 2022 (9): 7-10.

[100] 周永务, 黄香宁, 曹彬, 等. 公司参与扶贫下的订单农业供应链: 生产决策, 社会福利与政府补贴 [J]. 系统工程理论与实践, 2022, 42 (8): 2174-2195.

[101] 朱耿，朱占峰，朱一青，等．新时代农业全产业链大数据建设模式探索——以浙江省为例［J］．物流工程与管理，2019，41（11）：117-121．

[102] 邹建国．农业供应链金融缓解农户信贷约束的优势与对策研究［J］．衡阳师范学院学报，2020，41（1）：74-77．

[103] 左力，王如峰，许本强，等．土地流转定价创新模式对改善产权交易激励的倒逼机制研究——山东农交中心（潍坊）和武城农交中心案例［J］．投资研究，2021，40（8）：55-75．